Tirso de Molina

La Santa Juana II

Barcelona **2024**
Linkgua-ediciones.com

Créditos

Título original: La santa Juana.

© 2024, Red ediciones S.L.

e-mail: info@linkgua.com

Diseño de cubierta: Michel Mallard.

ISBN tapa dura: 978-84-9953-259-2.
ISBN rústica: 978-84-9816-520-3.
ISBN ebook: 978-84-9897-082-1.

Sumario

Brevísima presentación

La vida

Tirso de Molina (Madrid, 1583-Almazán, Soria, 1648). España.
Se dice que era hijo bastardo del duque de Osuna, pero otros lo niegan. Se sabe poco de su vida hasta su ingreso como novicio en la Orden mercedaria, en 1600, y su profesión al año siguiente en Guadalajara. Parece que había escrito comedias y por entonces viajó por Galicia y Portugal. En 1614 sufrió su primer destierro de la corte por sus sátiras contra la nobleza. Dos años más tarde fue enviado a la Hispaniola (actual República Dominicana) y regresó en 1618. Su vocación artística y su actitud contraria a los cenáculos culteranos no facilitó sus relaciones con las autoridades. En 1625, el Concejo de Castilla lo amonestó por escribir comedias y le prohibió volver a hacerlo bajo amenaza de excomunión. Desde entonces solo escribió tres nuevas piezas y consagró el resto de su vida a las tareas de la orden.

La trilogía de La Santa Juana pertenece al teatro hagiográfico de Tirso de Molina. Aquí se relatan diferentes episodios de la vida de Santa Juana, desde su conflicto inicial con la vida profana y la religiosa hasta su visión casi epifánica de los sucesos terrenales. La obra tiene además un trasfondo mundano en el que destacan personajes como el emperador Carlos V.

Personajes

Berrueco
Carlos V, emperador
Crespo
Cristo
Cristo Crucificado
Don Jorge
El Ángel de la guarda
El niño Jesús
La Abadesa
La Santa Juana
La Vicaria
Lillo
Mari Pascuala
Menga
Mengo
Mingo
Otra gente
Pastores
San Antonio de Padua
San Francisco
Sor Evangelista
Un Paje
Unas monjas

Jornada primera

(Música, y salen la Santa y el Ángel arriba, que va bajando hasta la mitad del tablado, y la Santa subiendo de él al mismo tiempo, hasta emparejar los dos, y entonces cesa la música.)

Ángel   Esposa cara del Monarca eterno,
                   contra cuyo poder no prevalecen
                   las puertas tristes del Tartáreo infierno;
                     las entrañas de Dios que se enternecen
                   con el agua sabrosa de tu llanto
                   remedio al mundo por tu ruego ofrecen.
                     Delante de su altar, tálamo santo,
                   llorando estabas el estrago horrible
                   que al mundo anuncia confusión y espanto
                     por la ponzoña del dragón terrible
                   de las siete cabezas que en Sajonia
                   niega la ley católica infalible.
                     Llorabas que con falsa ceremonia
                   y hipócrita apariencia, el vil Lutero
                   imitase a Nembrot en Babilonia,
                     y que el rebaño del Pastor cordero,
                   este lobo, en oveja disfrazado,
                   despedazase con estrago fiero.
                     Llorabas que se hubiese dilatado
                   su blasfema y pestífera dotrina
                   por Alemania y su imperial estado,
                     y que, cual de la máquina divina,
                   derribó la tercer parte de estrellas
                   la angélica soberbia serpentina,
                     este Anticristo austral, las leyes bellas
                   de la alemana iglesia derribase,
                   asolando la mies de Dios con ellas.
                     Lloras el ver que tanto cáncer pase

tan adelante y su infernal blasfemia
que lo mejor de vuestra Europa abrase.
   El católico reino de Bohemia
la verdadera ley de Dios destierra,
y al apóstata falso sirve y premia.
   Flandes le sigue ya, e Ingalaterra
sus desatinos tiene por ganancia,
desamparando a Dios su gente y tierra,
   Polonia, Hungría y la cristiana Francia
frenéticas aprueban los errores
que el vicio trajo al mundo y la ignorancia;
   por esto lloras, y es razón que llores
pérdida tan notable.

Santa   ¡Ay, Ángel mío!
Comprando Dios a costa de dolores
   .... [-ío]
.... [-anto]
.... [-ío]
   .... [-anto]
las almas con su sangre redimidas,
¿tantas se han de perder costando tanto?
   De tres partes del mundo están perdidas
las dos, porque Asia y África no adoran
sino de Agar las leyes pervertidas;
   los más la luz de la verdad ignoran,
y perdido el camino verdadero,
al despeñarse sin remedio lloran,
   pues si agora el apóstata Lutero
este rincón de nuestra Europa abrasa
con la doctrina falsa y el acero;
   si a Europa, que es columna firme y basa
de nuestra militante Monarquía,
los límites que Dios la puso pasa,

¿quién duda que la bárbara herejía
de mar a mar ensanchará el imperio
que tuvo antes la ciega idolatría?
    No permita mi Dios que en cautiverio
tenga a su pueblo el condenado Egipto
ni pase la verdad tal vituperio.
    Bien sé que este rigor es por delito
de mis culpas, que son merecedoras
de un castigo inmortal, Ángel bendito;
    pero páguelo yo.

Ángel   Por ver que lloras
con tanto afecto, Dios, por el estado
de la iglesia y su ley que humilde adoras,
    desde aquí, Juana Santa, me ha mandado
que te venga a enseñar el fértil fruto
que en las Indias España al cielo ha dado.

(Van subiendo los dos hasta el un ángulo superior, y descúbrese en un nicho
de él una estatua de don Hernando Cortés, viejo, armado a la antigua, con
bastón y un mundo a los pies.)

    Si un pequeño rincón paga tributo
en Europa a Lutero, pervertido
por la ambición, que le hace disoluto,
    un nuevo mundo rico y extendido
ha descubierto la romana barca
que al yugo de la Cruz está rendido.
    Mira al pesar del bárbaro heresiarca
este nuevo Alejandro que conquista
el orbe indiano al español monarca.
    Don Hernando Cortés, con cuya vista
se alegra el Mar del Norte, es éste, Juana,
digno de que sea yo su coronista.

Por él se extiende nuestra ley cristiana
por infinitas leguas, y al bautismo
regiones inauditas vence y gana.
    Éste es quien pasa el fluctuoso abismo
que márgenes de plata y oro baña,
y para eternizar su nombre mismo
    a vuestra España da otra Nueva España,
muerte a la idolatría, almas al cielo,
y a su linaje una inmortal hazaña.

Santa   Ya, soberano Ángel me consuelo
viendo lo que la ley de Dios se extiende
y que le adora tan remoto suelo.
    ¡Oh, ilustre capitán! Si el tiempo ofende
la memoria de hazañas infinitas,
defienda Dios la tuya, pues defiende
    su ley tu brazo y las colunas quitas
del estrecho de Cádiz, por ponellas
en tierras y naciones inauditas.
    Esculpa el mundo tu renombre en ellas,
pues a la iglesia das el occidente
y el cielo pueblas otra vez de estrellas.

(Pasan los dos por el aire al otro ángulo del tablado y en él enséñale una estatua de don Alonso de Alburquerque, viejo, a lo portugués antiguo, con otro mundo a los pies, y bastón.)

Ángel   Vuelve agora los ojos al oriente
y verás la nación del griego Luso
y las hazañas de su ilustre gente.
    Este fiel capitán las quinas puso
desde el Atlante monte al mar Bermejo,
a pesar del idólatra confuso.
    Mira en aquellas canas el consejo

12

y el valor de la fe en aquella espada,
que en uno y otro fue español espejo.
    Por él ha vuelto nuestra ley sagrada,
a hacer que en Asia el bárbaro se asombre
viendo en ella su iglesia restaurada.

Santa   Ángel, ¿quién es tan milagroso hombre?

Ángel   Alonso de Alburquerque, lusitano,
que de magno ganó fama y renombre.
    Éste, venciendo al moro y al pagano,
al etíope torpe, al ciego persa,
la cruz dilata con valor cristiano.
    Si gente, pues, tan bárbara y diversa
en América y Asia a Dios adora,
¿qué importa que la herética perversa
    contra el cielo publique guerra agora,
si por una provincia sola gana
dos mundos cuyas almas atesora?

Santa   ¡Oh nobleza católica y cristiana
de Portugal! ¡Oh célebre Castilla!
¡Viva la ley de Cristo soberana!
    Alegre estoy de ver tal maravilla.

Ángel   Aunque el rey don Manuel dichoso
tiene la lusitana y invencible silla,
    ya el tiempo deseado a España viene
en que se junten los castillos de oro
con las sagradas quinas; ya conviene
    que dando al cielo un Sebastián el moro,
goce en España el Salomón segundo
con Portugal un orbe lleno de oro.

(Bajan un poco y en la mitad del teatro descúbrese otra estatua de Filipo segundo, viejo, con dos mundos a sus pies.)

Ya el césar Carlos V ha dado al mundo
un Filipo I, que el primero
de quien nació Alejandro, aunque es segundo.
   Su ilustre imagen enseñarte quiero
del modo que en edad grave y madura
en oro ha de volver la edad de acero.
   Aquí la cristiandad está segura;
la justicia en su punto y la prudencia.

Santa   Su gravedad deleita y compostura,
              respeto pone su real presencia.

Ángel   Dos mundos a sus pies sujeta el cielo;
              y cada cual su nombre reverencia;
                 enjuga, pues, el llanto y desconsuelo,
              pues que tan dilatada, Juana, has visto
              la ley divina que respeta el cielo,
                 que si el sajón, apóstata anticristo,
              la potestad del cielo a Roma niega,
              y a quien es en su silla vice-Cristo,
                 y con malicia y pertinacia ciega
              las indulgencias de las cuentas santas
              contradice y blasfemias loco alega,
                 por eso Dios ha dado gracias tantas
              a las sagradas cuentas que su hijo
              te dio, con que su ceguedad quebrantas;
                 para contradecirle las bendijo.
              Y en fe de que el rosario santo
              aprueba que el sacrílego fiero contradijo,
                 un árbol ha nacido y planta nueva
              en la isla de Irlanda en este instante

14

que en vez de fruta mil rosarios lleva.
    Jamás el mundo vio su semejante;
nació y creció en un punto, convenciendo
al pueblo pervertido e ignorante;
    de sus ramas las cuentas están viendo,
que como de las parras los racimos,
en fe de la fe santa están pendiendo.

(Descúbrese un árbol lleno de rosarios arriba.)

                    Aquéste el árbol es.

Santa   ¡Qué merecimos
en nuestros tiempos ver, rosarios santos,
el árbol de quien sois frutos opimos!
    Celebre el cielo con alegres cantos
hazaña tan ilustre y portentosa,
pues tal consuelo dais a nuestros llantos.

Ángel   De esta suerte la mano poderosa
do Dios castiga, y do esta suerte sana.

(Bajan volando al tablado.)

Santa   ¿Qué merecí, señor, ser vuestra esposa?

Ángel   Carlos V ha venido a verte, Juana.

Santa   ¿Adónde, pues, se va Vuestra Hermosura?

Ángel   Contigo quedo. ¡Oh vista soberana,
gran consuelo, gran suerte, gran ventura!

(Sale volando el Ángel, todo se encubre. Salen el emperador Carlos V y acompañamiento, y don Jorge, del hábito de Santiago, y Lillo.)

Santa

Señor, ¿otra vez honráis
ésta vuestra humilde casa?

Carlos

Si vos, madre, en ella estáis,
¿quién por vuestras puertas pasa
sin que vos le bendigáis?
    Soy yo muy devoto vuestro,
y así lo que os quiero muestro.

Santa

A lo menos sois, señor,
de la cristiandad favor,
y por eso lo sois nuestro.

Carlos

    La guerra, madre, publico
contra el hereje que ampara
el duque Juan Federico
de Sajonia y se declara
contra el imperio. Es muy rico
    y poderoso, y también
quiere el Lanzgrave de Hesén
defender las falsedades
de Lutero y cien ciudades
rebeldes; pero aunque estén
    tan poderosos, entiendo
de la verdad que defiendo
que el áspid he de pisar
y el basilisco, y quitar
del mundo este monstruo horrendo.
    Por esto antes de partirme,
madre, en tan ardua ocasión,
de vos vengo a despedirme,

por que vuestra bendición
nuestras victorias confirme.

Santa   Id, columna de la fe,
gloria del nombre español,
que, porque vitoria os dé,
haréis que detenga el Sol
su curso cual Josué.
    El rebelado alemán
y el flamenco os labrarán
estatuas de bronce y oro,
vencido en Túnez el moro
como en Buda Solimán.
    De vuestra parte tenéis
a Dios, pues, por varios modos,
por que más fama cobréis,
en Yuste vencidos todos,
a vos mismo os venceréis.
    El cielo os dé su favor,
pues que sois su defensor
y de estos reinos espejo.

Carlos   Con grande cuidado dejo,
madre, ya al gobernador
    de España ya encomendada
esta casa.

Santa   Siempre ha sido
de su valor amparada.

Carlos   Yo estoy muy agradecido
por veros siempre ocupada
    en encomendarme a Dios,
pues, ayudándome vos,

bien a España regiré,
y muy seguro podré
partirme. Adiós, madre, adiós;
    y advertid también que queda
don Jorge muy encargado
que os acuda en cuanto pueda.
Aquesta villa le he dado,
con otras muchas que hereda,
    y con tan noble vecino,
que enriquecerá imagino
esta casa y posesión,
que es don Jorge de Aragón,
madre Juana, mi sobrino.

Jorge   Soy tu hechura.

Carlos   Hacer alarde
del valor que vive en vos,
y vamos de aquí, que es tarde.
Madre, encomendadme a Dios.

Santa   Él os dé vitoria y guarde.

(Vase la Santa por una puerta. Al irse por la otra acompañando al emperador Carlos V, don Jorge se vuelve a él y le dice.)

Carlos   ¿Dónde vais?

Jorge   A acompañar
a vuestra Majestad voy.

Carlos   Quedaos, don Jorge, a tomar
de los lugares que os doy
la posesión y a gozar

el nuevo y alegre estado;
que estáis recién desposado.
Mas sírvaos el casamiento
de más sosiego y asiento
que hasta ahora habéis mostrado,
   que habéis sido muy travieso;
y pues ya tenéis edad,
si con ella viene el seso,
pasen con la mocedad
las locuras.

Jorge   Tus pies beso
                y serte otro te prometo.

Carlos   Quedaos, pues, y sed discreto.

Jorge   Prospere tu vida Dios.

Carlos   Enojaréme con vos,
           don Jorge, si andáis inquieto.

(Vanse el emperador Carlos V y su acompañamiento.)

Lillo   Dile que dónde predica
          mañana su majestad.

Jorge   En vano a la voluntad
          desbocada el freno aplica
           porque no corra veloz.

Lillo   ¿Al gato pone maneotas?
          Dile que las tiene rotas,
          y si llega dale coz.
           ¡Par Dios, que es linda la flema!

A un Fray Guarín te redujo.

Jorge   Malo soy para cartujo
               y loco en seguir mi tema.
                 Verdad es que estoy casado;
               pero ¿por eso he de estar
               privado de otro manjar?

Lillo   Cocido come y asado
                 quien tiene caudal, señor,
               y también puede un marido,
               si el matrimonio es cocido,
               dar vueltas al asador
                 y alcanzar de una perdiz
               las dos pechugas.

Jorge   Bien dices.

Lillo   Son las villanas, perdices
               que no ofenden la nariz,
                 porque huelen a tomillo,
               y el tercero es el trinchante
               que se las pone delante.

Jorge   Pues mi trinchante eres, Lillo,
                 caza y parte.

Lillo   ¡Bueno es eso!
               Lo mejor te comerás,
               y dándome lo demás
               dirás: «Róete ese hueso».

Jorge   Hermosas labradorcillas
               hay en Cubas.

Lillo	Encubarlas
	si te agradan, o alcanzarlas.
Jorge	Lillo, hermosuras sencillas
	entre tosca frisa y paño
	son las que busco y codicio,
	que siempre del artificio
	dicen que se hizo el engaño.
	Da al diablo tanto tocado,
	tanta seda y guarnición,
	gigantes que en procesión
	son paja y visten brocado.
Lillo	Nunca de esas hago cuenta,
	porque ya es cosa sabida
	que carne que está sentida
	la disfrazan con pimienta.
	Enfádame la mujer
	que gasta galas sin suma,
	porque ave de mucha pluma
	tiene poco que comer.
	Llega, que si te regala
	el donaire labrador,
	siendo de Cubas señor
	cobrar pueden alcabala,
	sin cortesanos trabajos,
	de sus ninfas tus deseos,
	pues si damas son rodeos
	labradoras son atajos.
Jorge	A medida vino a hallarte
	mi amor de su gusto.

Lillo	Fui hurón un tiempo o neblí.
Jorge	¿De quién?
Lillo	De Francisco Loarte en Illescas, que perdido por esta santa mujer que agora acabas de ver pretendió ser su marido; pero como se acogió a fidelium, de su tierra se fue a Flandes a la guerra y sin amo me dejó; mas entrándote a servir todo en ti lo vine a hallar.
Jorge	¿Qué fiesta es ésta?
Lillo	El lugar que te sale a recibir.

(Salen Crespo y Mingo, alcaldes; Berrueco, Mari Pascuala, Menga, músicos labradores.)

(Cantan.)

Músicos	«El comendador, bendiga vos Dios.»
Músico I	«La Virgen de Illescas...»
Músico II	«Señor San Antón...»

22

Todos	«Pues venís a Cubas...»
Músico II	«El Comendador...»
Músico I	«A ser nuevo dueño...»
Músico II	«Bendiga vos Dios.»
Músico I	«La Virgen de Illescas...»
Músico II	«Vos dé bendición...»
Músico I	«El cirio pascual...»
Músico II	«Señor San Antón...»
Todos	«El Comendador...»
Músico I	«La vuesa esposica...»
Músico II	«Os para un garzón...»
Músico I	«Como un Holofernes...»
Músico II	«Como un Salomón...»
Músico I	«Que vaya a la guerra...»
Músico II	«Y de dos en dos...»
Músico I	«Prenda los moricos...»
Músico II	«Que en Sansueña son...»

Todos	«El Comendador.»
Berrueco	Agora habéis de llegar y helle una remenencia.
Mingo	Dios mantenga a su cubencia.
Berrueco	¿Cubencia?
Mingo	¿No ha de mandar a Cubas?
Berrueco	Sí.
Mingo	Pues bien puede llamarse Cubencia.
Crespo	Sí.
Mingo	Los dos venimos aquí ambos a dos, sin que quede de todos cuatro costados quien no venga con los dos, porque, en fin, los dos, par Dios, somos hogaño empalados. Venimos a recebillo por nueso dueño a compás, y porque no es para más guarde os Dios. Porte un cuartillo.
Jorge	¡Gracioso recibimiento!
Mingo	Llegad vos.

Crespo	¿Llegaré?
Mingo	Sí.

Crespo

A Mingo Pulgar y a mí
nos cupo el embazamiento
   de hogaño, y Martín Berrueco,
hijo de Gil Porquerizo,
Bras Moreno y Sancho Erizo,
Pero Antón y Agustín Seco,
   el cura y el herrador,
y el barbero Herrán Bermejo,
entramos hoy en concejo
a tomaros por señor,
   y pues tomado os habemos,
en volviendo a entrar los dos
pero, ¿qué os importa a vos
de que entremos o no entremos?
   A ser nueso dueño entráis,
y por ahorrar escritura,
tal os dó Dios la ventura
como nos la deseáis.

Todos	Amén.

Jorge

   Sois muy elocuente;
dado me habéis gran contento;
bien habláis.

Crespo

   Yo só un jumento
no quitando lo presente.

Jorge

   ¿Es vuestra hija esta zagala?

Crespo (Aparte.) (¡Qué presto que la atisbó!)

Berrueco Yo só su padre.

Jorge ¿Vos?

Berrueco Yo.

Jorge ¡Buena cara!

Crespo No era mala
para vuesa señoría
si podiera ser su igual.

Jorge ¿Llamáisos?

Mari Mari Pascual.

Jorge Mucho me agradáis, María.

Mari Por muchos años y buenos.

Jorge Vamos.

Lillo ¿Agrádate?

Jorge Sí.

Lillo Echóla calza.

Jorge Vení.
la de los ojos morenos.

(Vanse don Jorge y Mari Pascuala.)

26

Mingo	Golosmero me paresce el comendador, alcalde. Si se os pegare, ojealde de la moza.
Crespo	Si en sus trece se está, en casa hay sana amores que del alma los arranca, porque entre otras habrá tranca para los comendadores.

(Vanse todos. Salen la Vicaria, sor Evangelista y otra Monja.)

Vicaria	Madres, bien puede ser santa, pero no lo he de creer; privarla tengo de hacer del oficio.
Evangelista	¡Que sea tanta su pasión! ¿No considera los milagros que Dios hace por ella?
Vicaria	Todo eso nace, madres, de que es hechicera Soror Juana de la Cruz.
Evangelista	No diga tal cosa, acabe.
Vicaria	Venir el demonio sabe en forma de ángel de luz, y él es quien habla por ella tantas lenguas; no hay que hablar;

	al provincial he de dar
	cuenta de que está por ella
	destrüida nuestra casa.

Evangelista   ¿Destrüida? Pues ¿tuviera
                qué comer si ella no fuera
                .... [-asa]
                  su prelada?

Vicaria   Si el beneficio
                que el arzobispo nos dio
                de Cubas ya le impetró
                otro por Roma, ¿es buen juicio
                  meterse una religiosa
                en pleitos, y que defienda
                a costa de tanta hacienda
                tan impertinente cosa?
                  ¿Qué nos importa un curato?

Evangelista   ¿Qué? La honra y el sustento
                de todo nuestro convento.

Vicaria   ¿Y hanos salido barato,
                  si para el pleito ha vendido
                hasta los cálices?

Evangelista   Sí.

Vicaria   El provincial vendrá aquí
                y sabrá que ha destrüido
                  nuestra hacienda.

Evangelista   Venga acá.
                ¿Qué hacienda en la cruz halló

Soror Juana cuando entró
a gobernarla? Dirá
    que nueve reales de renta
solamente. Pues de pan,
por su ocasión, ¿no nos dan
cada año ciento y cincuenta
    fanegas, y de dinero
casi docientos ducados
con que tiene remediados
nuestros trabajos? Si quiero
    contarla los beneficios
que la debe nuestra casa,
¿no sabe que son sin tasa?
¿Qué celdas o qué edificios
    tenía, si no labrara
este cuarto y aposentos?
¿No nos ha dado ornamentos?
Sin ella, ¿quién la habitara?
    ¿Quién nos da reputación?
Mas hala puesto a los ojos
la envidia vil sus antojos
y así no ve la razón.

Vicaria   Predíqueme por su vida
la hipócrita, idiota, necia,
que ya yo sé que se precia
de la santidad fingida
    de su abadesa. Igual fuera
que acabara de aprender
la mentecata a leer
para que rezar supiera
    sin venirme a predicar.

Evangelista   Tiene infinitas razones,

29

daréla mil ocasiones.
Los pies la quiero besar.

Vicaria

Todo el convento ha caído
en la cuenta de quién es
Juana de la Cruz después
que con embustes ha sido
　　por santa reverenciada;
todos saben mi caudal,
y así harán al provincial
que me elija por prelada,
　　y entonces verán las dos
si con hechizos y encantos
hacen milagros los santos.

(Vase.)

Evangelista

Madre, espere, aguarde. ¡Ay Dios!
　　¡Qué gran tropel de trabajos
contra mi madre querida
se levantan! Mas la vida
llega por estos atajos
　　a la ciudad soberana
donde reina un Dios cordero;
mas presto ir a avisar quiero
de todo a mi madre Juana.

(Vanse. Salen la Santa y el Ángel llorando.)

Santa

　　¿Vos llorando, Ángel bendito?
¿Vos con tanto desconsuelo?
Nunca el llanto entró en el cielo,
porque nunca entró el delito.
Todo es contento infinito,

que de la presencia viene
de aquella fuente perenne
que eternamente gozáis.
¿Cómo, pues, Ángel, lloráis,
si el cielo llantos no tiene?

   No haya más, mi San Laurel,
mi custodio, mi ventura.
Enjugue Vuestra Hermosura
ese Sol, pues me veo en él.
¿Qué daño o qué mal cruel
es bastante a que os desvele,
ángel mío? ¿O cuándo suele
suceder lo que hoy se ve,
que un ángel llorando esté
y una mujer le consuele?

   Mas ¡ay de mi! Ya he caído
en la cuenta de ese llanto;
algún pecado, Ángel santo,
contra Dios he cometido.
Mil veces he merecido
por mis culpas el infierno;
¿es acaso el llanto tierno
porque condenada estoy
que bien sé cuán digna soy
del fuego y castigo eterno?

Ángel   Segura está tu conciencia,
Juana; nunca has cometido
culpa mortal. Siempre has sido
monja vieja en la inocencia.
Aunque lloro en la apariencia no
lloro por propiedad,
que los que ven la deidad
infinita y soberana

jamás pueden llorar, Juana,
ni sentir penalidad.
    Hete parecido ansí
en muestras y testimonio
de que ha pedido el demonio
licencia a Dios contra ti;
si te regaló hasta aquí,
como a Job probarte intenta,
y el común contrario inventa
un tropel de tempestades,
trabajos, enfermedades,
desprecio, agravio y afrenta.
    Dios los trabajos amó
.... [-erte]
en el mundo, de tal suerte;
jamás, Juana los dejó.
¿Qué santo no los pasó?
Ninguno; que son favores
de Cristo, y en sus amores
son su escogida librea,
y quien amarle desea
justo es traiga sus colores.

Santa   Pues ¿por eso es la tristeza?
Trocad vuestro llanto en risa;
lluevan trabajos a prisa
pues vos me dais fortaleza.
Bien sabe vuestra belleza
lo que ha que yo pido a Dios
que, pues que somos los dos
esposos, nos parezcamos
en que los dos padezcamos.
Si ya lo alcanzo por vos,
    vengan penas y castigos

que del cielo son atajos,
pues, dicen, que en los trabajos
se echan de ver los amigos;
que si amó a los enemigos,
porque en ellos halló
el bien de las penas, yo
también sigo sus plantas divinas,
pues entre zarzas y espinas
Dios se apareció a Moisén.

(Aparécese Cristo con la cruz a cuestas, arriba, coronado de espinas, y a su lado una silla de brocado y sobre ella una corona de oro.)

Cristo   Juana, varón de dolores
me llamo yo en la Escritura;
quien imitarme procura
busque espinas, deje flores.
El que goza mis favores
pasar por trabajos trata,
y aunque el mundo más le abata,
con los trabajos se esfuerza,
que el cielo padece fuerza
y el violento le arrebata.
Para llegar a esta silla
tienes de entrar por la puerta
de esta cruz, que no está abierta
sino para el que se humilla.
Procura, esposa, adquirilla,
y si a los premios te inclinas
del cielo, adonde caminas,
lleva, Juana, en la memoria
que esta corona de gloria
cuesta corona de espinas.

(Encúbrese.)

Santa   ¡Oh! espinas, rico caudal
de la celestial grandeza,
Dios os pone en su cabeza
como provisión real.
Si premio tan inmortal
da por trabajos el cielo,
persígame todo el suelo.
Ya me apresto a la conquista,
Ángel, que con vuestra vista
todo me dará consuelo.

(Vanse. Salen Mari Pascuala con un cántaro de agua, como que viene de la fuente, y don Jorge.)

Mari   Déjeme, que vó deprisa.
¡Qué importuno es su mercé!

Jorge   María: escúchame un poco.

Mari   Dado le ave, apártese
que me aguarda mi marido.

Jorge   Aquí os aguarda también,
aguadora de mis ojos,
un alma muerta de sed.

Mari   Pues ¿qué quiere el alma agora?

Jorge   ¿Qué? que la deis de beber.
Dadme solamente un trago.
Mitigaráse con él
mi fuego.

Mari	Allí está la huente; si no, yo le llevaré al pilón, donde se harte.
Jorge	Ea, no seáis cruel.
Mari	¿Bebe el alma?
Jorge	Por los ojos bebe el veneno que ven.
Mari	No se llegue, que en mi alma...
Jorge	¿Qué?
Mari	Que le remojaré.
Jorge	Negar el agua es crueldad.
Mari	Sí; ¿agua sola quería él? ¡Quien no se las entendiese!
Jorge	Como esas manos me den de beber, iré contento.
Mari	Pues ¿no dice su mercé que se está quemando?
Jorge	Sí.
Mari	Estará sudando, pues, y beber agua sudando, matarále.

Jorge	Comeré el blanco terrón de azúcar de esas manos.
Mari	¡Oxte! Iré buena yo a casa sin manos habiéndolas menester.
Jorge	¿Para qué?
Mari	¡Linda pescuda! ¡Para fregar y barrer!
Jorge	¿Del agua sois avarienta?
Mari	Sí, porque le mataré.
Jorge	Muera Marta, y muera harta.
Mari	Que me aguardan, déjeme.
Jorge	¡Agua, Dios…!
Mari	Que ruin se moja.
Jorge	Tomaréla.
Mari	Pues a fe si llega y digo «agua va…».
Jorge	¿Qué?
Mari	Que le remojaré.

Jorge	Ved que os quiero bien, María.
Mari	¿Por qué no me heis de querer? ¿Heos hecho yo algún mal?
Jorge	Sí.
Mari	¿Qué mal?
Jorge	Muértome.
Mari	¿De qué?
Jorge	De ojo.
Mari	¡Chico es el niño!
Jorge	Es verdad. Niño Amor es.
Mari	¿Quiere una cuenta de azogue, o una higa para él?
Jorge	¿Qué mas cuenta que el perderla, qué más higa que un desdén, qué más ojo que el miraros, qué más mal que el querer bien?
Mari	¿Qué bien quiere?
Jorge	Estoy perdido.
Mari	¿De qué se perdió?

Jorge	Jugué.
Mari	¿Qué juego?
Jorge	A la gana pierde.
Mari	¿Cómo?
Jorge	Perdiendo gané.
Mari	¿Qué ganó?
Jorge	Esta coyuntura.
Mari	¿Y qué perdió?
Jorge	Todo el bien.
Mari	¿De qué?
Jorge	De la voluntad.
Mari	¿Qué es amor?
Jorge	Un no sé qué.
Mari	¿No sabe qué?
Jorge	No, María.
Mari	¡Bueno!
Jorge	¿Queréislo saber?

Mari   Sí.

Jorge   Escuchad.

Mari   No se me acerque,
                  porque le remojaré.

(Tómala una mano.)

Jorge   ¿Hay tal mano? ¿hay tal blancura?

Mari   Agarrómela, pardiéz.

Jorge   Déjamela dar mil besos.

Mari   Bese presto y váyase.

Jorge   ¿Quiéresme bien?

Mari   Un poquillo.

Jorge   Paga mi amor.

Mari   No hay con qué.

Jorge   ¿Qué te falta?

Mari   No ser mía.

Jorge   Pues ¿cúya?

Mari   De un Locifer
                  que hasta los pasos me cuenta.

Jorge	¿Los pasos cuenta?
Mari	Sí, a fe.
Jorge	Lo contado como el lobo; cuando quiere una mujer, no hay llaves, puertas ni muros; quiéreme tú, que yo haré fáciles los imposibles.
Mari	Vedme mañana otra vez, que soy agora madrina de un bateo y pienso que es tarde y me esperan en casa.
Jorge	Pues yo el padrino seré.
Mari	No, señor; que es el barbero.
Jorge	Por verte a ti le iré a ver.
Mari	Aquí en la Cruz se bautiza, y es hijo del sacristén.
Jorge	¿Al fin me quieres?
Mari	El diabro en esos ojos tenéis que me reconcome el alma desde el punto que os miré.

(Sale Lillo.)

Lillo	Señores: el espantajo

	ha venido.
Mari	¡Ay Dios! ¿Qué haré?
Jorge	Adiós.
Mari	Adiós.
Jorge	Mucha os quiero, María.
Mari	Yo a vos también.

(Vanse don Jorge y Lillo. Sale Crespo.)

Crespo (Aparte.)	(¿«Yo a vos también», al partirse
	don Jorge de mi mujer?
	No anda bueno el reportorio;
	pero yo le enmendaré.)

Mari	¡Crespo mío!
Crespo	¿Qué os quería
	don Jorge?
Mari	Aquí le encontré
	y mandóme que os pidiese
	que hoy el galgo le prestéis.
Crespo	Pedidle a Crespo, que os ama,
	el galgo, y yo a vos también.
	No viene bien la respuesta,
	ni la excusa vino bien.
	Ea, ea, a casa, María,

	que cuando el bateo esté acabado, dos liciones os daré de responder.
Mari	Pues ¿qué tenemos?
Crespo	No, nada; ratoneras sé yo her donde los golosos cojo.
(Aparte.)	(Jorgito, yo os cazaré.) No es esta agua toda limpia; vaciadla y venid. ¿Qué hacéis?
Mari (Aparte.)	(Si el miedo llevan que yo todas las que quieren bien, ¡huego de Dios en el bien querer! Amén, amén.)

(Vanse. Salen el Ángel y la Santa.)

Ángel	Juana, Dios manda que tu misma historia y los milagros que contigo ha hecho escribas, porque todo sea en gloria de su eterno poder y en tu provecho.
Santa	¡Ay, Ángel santo! Y si la vanagloria que tantas buenas obras ha deshecho, asalta el alma y mi humildad derriba, ¿qué servirá que yo mi historia escriba?
Ángel	Dios, que lo manda, te dará su ayuda.
Santa	Ángel, ¿yo he de escribir en mi alabanza? ¿No sabéis vos que la virtud es muda?

¿No sabéis vos que la ambición se alcanza
con la propia jactancia y que se muda
la humildad en soberbia?

Ángel   No hay mudanza
que a las virtudes haga resistencia
si en la humildad fabrica la obediencia,
    cuanto y más que escribiendo maravillas
de Dios, tu Esposo, su poder levantas
y a ti te abate más con escribillas,
por ser indigna de mercedes tantas.

Santa   Nunca yo he merecido recibillas;
pero, Ángel santo, tú que siempre cantas
en la presencia de mi Esposo eterno,
de el «Sancto, Sancto, Sancto», el himno tierno,
    suplícote me alcances de él licencia
para que no sea yo mi coronista
ni quiebre la virtud de la obediencia,
que la alabanza a la virtud conquista.

Ángel   Eso y más te concede su clemencia;
mas manda que María Evangelista,
cuya lengua su eterno poder toca,
tu vida escriba de tu misma boca.

Santa   Si no sabe leer ni escribir sabe,
¿cómo ha de ser?

Ángel   La omnipotencia suma
no hay cosa que no pueda y que no acabe;
ella es quien rige ya su mano y pluma.

Santa   Su nombre santo el cielo y tierra alabe;

pues Él lo manda, no es razón presuma
resistir su divino mandamiento.
Su esclava soy, su voluntad consiento.

Ángel   Ya se te acerca, Juana, el fiero trance
de los trabajos con que Dios permite
que tu paciencia tu corona alcance.

Santa   Regalos son que mi obediencia admite;
mucho espero medrar en este lance.

Ángel   Toda la casa pide que te quite
el oficio que tienes de abadesa.

Santa   Con gran razón mi indignidad confiesa.

Ángel   Gran torbellino contra ti levanta
el demonio; de afrentas perseguida
de todos has de ser.

Santa   Nada me espanta,
si Dios me da favor.

Ángel   A que le pida
a Dios, la reina de la corte santa
me parto al cielo. Adiós, Juana querida.

(Vase.)

Santa   Al arma toca el mundo. cuerpo bajo,
vamos a ejercitarnos al trabajo.
    Antes que entremos, Juana, en la batalla
hagamos militares ejercicios.
¿No tengo yo una cota hecha de malla?

A vestírmela voy contra los vicios.
Corona tiene Dios; para alcanzalla
no son malas escalas los cilicios;
por espinas da Dios sillas divinas.
Al arma, Juana, pues; buscad espinas.

(Vase. Sale sor María Evangelista.)

Evangelista   Madre Abadesa, amada madre Juana,
¡gran milagro! Que sé leer y escribo.
De la mano de Cristo soberana
por su ocasión esta merced recibo.
¡Oh qué letora soy! ¡Oh qué escribana!
No tendrá la vicaria más motivo
de afrentarme de torpe y de ignorante.
Leer y escribir supe en un instante.
       ¿Dónde está, madre nuestra?

(Aparécese la Santa en una cruz, coronada de espinas, con una soga al cuello y una túnica de zayo, y bájase de ella cuando la llama sor Evangelista.)

Santa   ¿Quién me llama?

Evangelista   ¡Ay, cielos, qué crueldad! Madre amorosa,
¿qué hace de esa suerte?

Santa   En esta cama,
aunque áspera a la vista, amor reposa.

Evangelista   Espinas flores son para quien ama,
y en ellas estáis bien, porque sois rosa.

Santa   En las sillas celestes y divinas
dan coronas de gloria por espinas.

De aqueste modo voy apercibida
a pelear, que estoy desafïada
de mil persecuciones.

Evangelista   Perseguida
crece más la virtud y es celebrada.
Dios me manda escribir su santa vida.

Santa   Ya sé que su divino amor se agrada
de que el mundo su eterno nombre alabe.
De ese modo ya sé que escribir sabe.
   Sabrán todos que soy gran pecadora,
pues con tantas mercedes no soy santa.
Para mi confusión es.

Evangelista   ¿Por qué llora?

Santa   Por ver tanto favor, clemencia tanta
en tantas culpas. ¡Ay de mí! En la hora
de dar la cuenta al Juez, ¿quién no se espanta?
¿Quién no tiembla?

Evangelista   La gente del aldea,
madre, su santa bendición desea.
   Vienen a bautizar una criatura
y de su mano esperan justamente
la bendición del niño y la ventura.
Vamos, por que no espere tanta gente.

Santa   Yo lo consultaré con Su Hermosura;
que no es razón sin San Laurel, que intente
cosa ninguna.

Evangelista   ¡Oh, sagra toledana!

sagrada estás, pues te consagra Juana.

(Vanse. Salen los labradores todos con música y bateo. Cantan.)

Todos   «Trébole danle al niño,
                     trébole. ¡Ay Jesús, qué olor!»

Labrador I   «Trébole y poleo.»

Todos   «Trébole.»

Labrador I   «Alegre él bateo.»

Todos   «Trébole.»

Labrador I   «Rosas y junquillos.»

Todos   «Trébole.»

Labrador I   «Para los padrinos.»

Todos   «Trébole.»

Labrador I   «Espadaña y juncia...»

Todos   «Trébole.»

Labrador I   «Para el señor cura.»

Todos   «Trébole.»

Labrador I   «Lirios de los valles...»

Todos   «Trébole.»

Labrador I	«Para el padre y madre.»
Todos	«Trébole.»
Labrador I	«Y para el alcalde la hierba del Sol.»
Todos	«Trébole, denle trébole al niño, trébole. ¡Ay Jesús, qué olor!»
Crespo	Entre en la igreja el bateo, y mientras que le bautizan bailen los que solenizan la fiesta.
Mingo	Ya lo deseo.
Berrueco	Par Dios que ha parido Gila un hijo como un becerro.
Crespo	¡Qué tieso, oh hi de puta, perro! ¿Mas que se mea en la pila?

(Salen don Jorge y Lillo.)

Jorge	¡Oh buena gente!
Berrueco	¡Oh señor!

(Don Jorge habla aparte a Lillo.)

Jorge	Haz lo que tengo ordenado.
Lillo	Voy, pues.

48

(Vase Lillo.)

Jorge   Sin ser convidado
                       me vengo.

Crespo   Es mucho favor.

Mingo   En este poyo se siente
                       su señoría.

Jorge   Sí, haré.
(Siéntase.)   ¡Hermosa madrina, a fe!

Crespo (Aparte.)   (Yo os la quitaré de enfrente
                          y os haré trampa en que caya
                       vueso amor.) Dejaldo estar.
                       ¿No se comienza a bailar?

Mingo   Ea, salgan.

Mengo   Vaya.

Todos   Vaya.

(Cantan y bailan.)   «Envidiosa Gila en Cubas
                       del hijo que sin sazón
                       parió Marina en Orgaz,
                       un muchacho rempujó.
                       ¡Oh, qué lindo y grande que es!
                       Bendígale la Ascensión!
                       Su padre le vea barbero,
                       sacristán o tundidor.
                       Ya le van a bautizar,

ya le llaman Perantón,
ya le vuelven a su casa,
ya sacan la colación.

    Si merendares, comadres,
si merendares, llamadme.
    Si merendáredes nuégados
y garbanzos tostados,
pues somos convidados,
al repartirlo avisadme.
    Si merendáredes, comadres,
si merendares, llamadme.

    Ya el muchacho se gorjea;
ya sabe decir «ajó»;
ya le han sacado los brazos,
ya le han puesto un correón,
ya le hacen hacer pinitos
y le dicen a una voz:
    "Anda, niño, anda,
que Dios te lo manda
y Santa María
que andes en un día."
Señor San Andrés
que andes en un mes;
señor San Bernardo
que andes en un año
sin hacerte daño
en esta demanda.
    Anda, niño, anda,
que Dios te lo manda
y Santa María
que andes en un día.

Ya ha crecido y va a la escuela,
ya en el Cristo da lición,
ya sabe jugar al toro,
ya corren de dos en dos,
   a "la trapa, la trapa, la trapa,
en mi caballito de caña".

   Ya quieren que vaya al campo
y aprenda a ser labrador;
ya le visten de sayal
el capote y el calzón.
Caperuza cuarteada
su señor padre le dio,
y probándosela todos
ansí le dicen a un son:
   "Que la caperuzita
de padre póntela tú,
que á mí no me cabe."»

(Salen Lillo y otros, y llévanse a Mari Pascuala.)

Jorge	Llega, Lillo, que ahora es tiempo.
Mari	¿Qué es esto? ¡Ay cielos, traición!
Lillo	Ninguno el paso me impida.
Crespo	¡Oh infame! ¿Cómo que no, si es mi esposa la que llevas?
Jorge	¿Por qué no?
Crespo	¡Muera el traidor!

Jorge	Ninguno pase de aquí, si no pasaréle yo.
Crespo	¡Par Dios, que es linda la flema! Que es Mari Pascual, señor.
Jorge	Segura va, sosegaos.
Crespo	¿Con quién?
Jorge	Con vuestro señor.
Crespo	¿Con vos?
Jorge	Conmigo.
Crespo	¿A qué va?
Jorge	Eso adivinadlo vos.
Crespo	¿Y mi honra?
Jorge	¿Qué más honra que amarla el comendador?
Crespo	¿Ésa es justicia?
Jorge	Villanos: no me enojéis, que yo soy señor de Cubas, y ansí todo es mío.

(Vanse Mari Pascuala, don Jorge, Lillo y criados.)

Crespo	¿Ésa es razón? ¿Esto consentís, cobardes? ¡Matalde!
Mingo	Mátele Dios que le hizo.
Crespo	¿Tal injuria consentís? ¿Tan gran traición?
Mingo	A quien le duele la muela que se la saque. Andad vos, si os atrevéis sin tenazas, y sacadle ese raigón.
Berrueco	¡Ah, cielos!
Mingo	Que no la quiere sino por un día o dos, y luego os la volverá.
Crespo	A estar el emperador en España...
Mingo	¡Buena flema! Guarde el cielo mi rincón.
Berrueco	¿Estas mañas tenéis, Jorge? Yo me vengaré de vos.

Fin de la segunda jornada

Jornada segunda

(Salen don Jorge, Lillo, y Mingo, Crespo, y Berrueco, labradores.)

Jorge
                Pegad a todo el lugar
                fuego, sin que dejéis casa
                que no convirtáis en brasa.
                Villanos, no ha de quedar
                    piedra en Cubas sobre piedra.

Mingo
                Señor, por amor de Dios;
                por nuestra hacienda y por vos,
                con cuya presencia medra,
                  que mandéis a los soldados
                que en Cubas habéis metido
                salir de él; basta el roído
                los dineros y ganados
                  que nos roban, sin que intenten
                robar también nueso honor;
                que no es honra del señor
                que sus vasallos afronton,
                  claro está.

Jorge
                        ¿Y es justo
                que se opongan los vasallos
                a su señor?

Mingo
                    Si afrentallos
                quiere su travieso gusto,
                  ¿qué mucho que se defienda
                quien ve que ese honor se pierde?

Crespo
                El perro con rabia muerde.
                ¿Salísme a robar la prenda

más estimada y querida,
sin poderos abrandar,
y espantáisos que el lugar
su agravio y mi afrenta impida?

Berrueco   Mari Pasquala es mi hija.

Crespo   Mi esposa había de ser.

Berrueco   ¿Por qué habéis vos de querer
dar a mi vejez prolija
    tan mal fin, y que el lugar
me afrente, y viéndola diga:
«Ésta que veis es la amiga
de don Jorge?»

Lillo   Que mirar
    tendrán por sí, de manera
que no se acuerden de vos.

Jorge   Luego, ¿entendisteis los dos
que Mari Pasquala era
    solamente en quien mi gusto
pongo, y a quien amo y quiero?
¡Bueno, a fe de caballero!
Pues si eso os daba disgusto,
    consolaos, que no seréis
solos los que de hijos míos
seáis abuelos y tíos,
que con todos me veréis
    emparentar.

Crespo (Aparte.)   (Y lo hará
como lo dice.)

Mingo	Buen cargo ha tomado.
Jorge	El tiempo es largo, Crespo; todo se andará.
Mingo	¿Y eso es justo?
Lillo	¿Por qué no?
Jorge	Sois muy toscos y groseros, y pretendo ennobleceros, pues lo quedaréis si yo mezclo con vuestro naval un jirón de mi nobleza.
Crespo	Alto; ¡dióle en la cabeza!
Jorge	¿Dónde está Mari Pascual? Porque esconderla es querer que todo el pueblo destruya. ¿No vais por ella?
Crespo	Si suya, así como así ha de ser, no empiece en Mari Pascuala; que es como guindas amor, la postrera la mejor, y para guinda no es mala.
Mingo	Que destruyas nuesa hacienda importa poco, tomadla, y si os servís abrasadla,

	como el honor no se ofenda;
	que el lugar consentirá,
	como no le deshonréis,
	que la hacienda le quitéis.

Jorge   Mingo, todo se andará;
                            decid adónde llevastes
                         vuestra sobrina, o haré
                         que os den tormento.

Mingo   Pues ¿sé
                         yo dó está?

Jorge   ¿No la quitastes
                         a Lillo en ofensa mía
                         con ayuda del lugar?

Lillo   Eso puedes preguntar
                         a mis lomos, que a porfía,
                            haciendo con ellos fiestas,
                         tantos palos les pegaron,
                         que, sin jugar, me cargaron
                         un flux de bastos a cuestas.
                            Líbrete Dios de una tranca
                         en manos de un labrador
                         si se enoja y con furor
                         tras un desdichado arranca,
                            que no dirás sino que es
                         sota de bastos con ella.

Jorge   Crespo, en vano es escondella.
                         Yo os la volveré después
                            y seréis de su hermosura
                         legítimo poseedor.

Crespo	Lo que otro suda, señor,
	diz que a mí poco me dura.
	    Eso es lo que mi honra busca.
	No me falta ya si tiña,
	vendimiadme vos la viña
	comeré yo la rebusca.
	    ¡Bueno! Eso no. ¡Juro al soto
	que no es discreto el marido
	que puede comprar vestido
	entero y le compra roto!
	    ¡Malos años; no en mis días!

Lillo	A la encina y al villano, si no es a palos, en vano pedirles fruto porfías.
Jorge	Dices, Lillo, la verdad. ¡Hola! saca un potro aquí.
Crespo (Aparte.)	(¿Potro aquí? Ya siento en mí extraordinaria humedad.)
Berrueco	Mira que al emperador ofendes, y cuando venga y de estos agravios tenga noticia, ha de hacer, señor, el castigo que tú sabes, de su justicia y enojo.
Jorge	Pocos consejos escojo, por más que al César alabes, pues cuando él volviese acá ya yo por diversos modos

os tendré muertos a todos,
y nadie se quejará.
   Dónde está Mari Pascual
declarad, o en el tormento
moriréis.

Crespo (Aparte.)   (A lo que siento,
lleno estoy de unto sin sal.)
   Yo diré la verdad llana.
Cuando a Pascuala os quitamos
al convento la llevamos
de la Cruz. La madre Juana
   allí guardándola está
de vueso ciego cuidado.
Si hasta aquí lo hemos negado
es porque no vais allá
   y hagáis de las que soléis
con que el convento se inquiete.

Jorge   Pues, a Juana, ¿quién la mete,
por más que se lo roguéis,
   vosotros, sino en rezar?

Crespo   Es una santa, señor,
y mira por nueso honor.

Jorge   Cuando me llego a enojar
   no miro yo en santidades
que, quizá, fingidas son;
acuda ella a su oración
y no intente novedades.
   Disciplínese, que es justo;
ayune y rija su casa;
mas si los límites pasa

de su estado y de mi gusto
e irritan mi libertad,
guárdese, que podrá ser
que vengamos a saber
qué tal es su santidad.

(Sale un Paje.)

Paje
La Vicaria del convento
de la Cruz éste te envía.

(Dale un billete.)

Jorge
Si es que resistir porfía
mi amoroso pensamiento,
    mal sus ruegos y lisonjas
mis gustos resistirán;
conténtese con que están
seguras de mí sus monjas.

(Abre el billete y lee.) «La presunción de la madre Juana de la Cruz es tanta, que, no contenta con regir su casa, ha pretendido gobernar las ajenas, de suerte que para remediar, según dice, la de vuestra señoría, ha escrito a Madrid a la señora doña Ana Manrique, esposa de vuestra señoría, insultos indignos de tal persona, y persuadióla a que, no enmendándose de ellos, se queje al gobernador de Castilla don Juan Tavera para que los remedie, y con capa de santidad fingida tiene banderizada esta casa. Ahora que la está visitando nuestro padre provincial será de importancia la autoridad de vuestra señoría para que se pierda la suya y la quiten el oficio que ha tantos años ejerce de Abadesa. Las más monjas de este monasterio son de este parecer; y porque al señor del lugar conviene procurar la quietud de él, y ésta resulta de la de esta casa, aguardamos a vuestra señoría para la liberta de ella y de una doncella que, según he sabido, contra su gusto tiene en este convento. Para lo uno y lo otro importará la presencia de vuestra señoría, a quien Nuestro Señor guarde.

La Vicaria»

¡A doña Ana contra mí
para que al gobernador
se queje contra mi honor!
¡Oh hipócrita falsa! ¿Ansí
  tu santidad se acredita?
Al Provincial hablaré
y el alma le quitaré
si el oficio no le quita.
  No en vano por sospechosa
tuve la virtud fingida
de esta mujer atrevida,
que, pues llega a ser odiosa
  hasta a sus monjas, ¿quién duda
que, perturbando su paz,
con el fingido disfraz
de santa sus vicios muda?
  Su eterno perseguidor
tengo de ser desde aquí.
Al convento voy.

Crespo   ¿Ansí
nos quieres dejar, señor,
  sin mandar a los soldados
que se vavan del lugar?

Jorge   Villanos, habéis de estar

con su presencia obligados
a mi gusto.

Crespo   Cuanto quieres
haces. ¿Quién hay que te ofenda?

Jorge   Señor soy de vuestra hacienda,
vuestras casas y mujeres;
   todo me ha de dar tributo,
pues que vuestro dueño soy.
Ven, Lillo.

Lillo   Contigo voy.

Mingo   ¿Las mujeres? ¡Oste, puto!
   ¿Qué hemos de her?

Crespo   Trasponellas
como puerros.

Berrueco   Ése es
mi voto. Yo a Leganés
pienso llevar dos doncellas
   que en casa quedan.

Mingo   Si a pares
a las doncellas sacáis,
a las casadas dejáis
a figura.

Berrueco   En los lugares
   vecinos pueden estar
seguras, hasta que venga
el emperador y tenga

noticia de que el lugar
nos destruye este traidor.

Crespo
Cuando Carlos venido haya,
a fe que no se le vaya
con ella el comendador.

Mingo
De mi voto no saquéis
las mujeres del lugar,
que mos puede resultar
mayor mal del que teméis.

Berrueco
Callad, dejaos de quillotros.

Mingo
Temo, de esos pareceres,
que en faltando las mujeres
tiene de dar tras nosotros.

(Vanse. Salen la Santa y Mari Pascuala.)

Santa
Es la hermosura, María,
niebla que el Sol desvanece,
sombra que desaparece,
fímera que vive un día,
vela que luce lo que arde
la frágil luz de la vida,
hierba con el Sol florida
que se marchita a la tarde,
y es instante cuyo ser
está a las puertas del nada,
joya del tiempo prestada,
por quien luego ha de volver.
Pues fabricar la esperanza
sobre el vano fundamento

de la nieve, sombra y viento,
despojos de la mudanza,
  ¿paréceos a vos cordura?
¿Es bueno tomar a censo
pena eterna, fuego inmenso,
por el deleite que dura
  lo que la sombra y la flor?
¡Ay, María! Mal sabéis
lo que costado le habéis
a Dios, con cuyo valor
  vino al mundo a remediaros;
y con ser tal su poder,
tuvo por bien el vender
su vida para compraros.

  Joya, pues, que vale tanto,
¿en tan poco ha de estimarse?
¿En balde ha de derramarse
sangre de mi Esposo santo?
  No lo permitáis, María;
estimaos en más a vos;
no os merece sino Dios.

Mari   Basta, madre, madre mía,
  basta, que me derretís
el alma y el corazón;
palabras de fuego son,
madre, las que me decís.
  Si me he dejado vencer
de las promesas y amor
del fuego, comendador
persiguióme. Soy mujer.
  Mi flaqueza combatió;
mas, pues, por vos valor cobra,
no temáis ponga por obra

lo que, hablándome, intentó.
Diamante seré a su amor,
jamás vencerme podrán
sus promesas.

Santa
Más galán
es Dios que el comendador.
Si, porque no le habéis visto,
esotro os ha satisfecho
porque trae la cruz al pecho,
más preciosa cruz trae Cristo
a las espaldas, cosecha
de mis vicios desbocados,
que, por no ver mis pecados,
a las espaldas los echa.
Su encomienda es de más cuenta,
y si no, juzgadlo vos,
pues que llevamos los dos,
él la cruz y yo la renta.
Cristo el Gran Maestre es
de esta preciosa encomienda,
rica y inmortal hacienda,
infalible su interés.
Pues, cuando don Jorge os muestre
amor, ¿no es notable error
amar al comendador
despreciando al Gran Maestre?

Mari
¡Ay, madre! Tan persuadida
a servir a Dios estoy,
que, si quisiera, desde hoy,
mudando de estado y vida,
quedarme por freila aquí.

Santa	Ojalá que yo pudiera, que temo, si salís fuera, vuestra pérdida.
Mari	¡Ay de mí!
Santa	Hay visita en casa agora y está nuestro provincial en ella; es poco el caudal nuestro, y yo gran pecadora. Todas le piden que os eche de casa, que una seglar su quietud puede inquietar, sin que mi ruego aproveche. Fuerza es, hija, que os volváis a casa de vuestro padre.
Mari	Pues ¿cómo? ¿No veis vos, madre, que al lobo la oveja echáis?
Santa	No puedo más; la ocasión suele dar fama notoria, y Dios, por ver la vitoria, permite la tentación. Si de vos misma salís vitoriosa, buen padrino os será el amor divino, por cuyo amor combatís. Yo haré por vos oración a Dios.
Mari	¿Hay tal desconsuelo? Dadme, pues, la mano.

Santa	El cielo, hija, os dé su bendición.

(Vase Mari Pascuala, Sale el Ángel.)

Ángel	¿Juana mía?

Santa	¿Mi Laurel?
	¿Vuestra Hermosura no sabe
	que en el peligro más grave
	se ve el amigo más fiel?
	  Agora que el provincial
	admite discursos largos
	de las que me ponen cargos
	porque las gobierno mal,
	  ¿me escondéis esa belleza?

Ángel	Jamás me aparto de ti.
Santa	Todo es, mi Laurel, así; pero, para mi tristeza, no basta que estéis conmigo, sino que os me dejéis ver. Agora os he menester, que sois mi mayor amigo.
Ángel	Las más, Juana, del convento son contra ti.
Santa	¡Qué bien hacen! Pues de mis pecados nacen causas de su descontento; helas escandalizado, Ángel, con mi mala vida,

68

siendo soberbia, atrevida;
y habiendo de ser dechado
   de todas, la menor de ellas
pudiera ser mi prelada.
Nunca me han visto enmendada,
viviendo siempre con ellas.
   Porque más no las estrague,
es razón, Ángel bendito,
que castiguen mi delito.
Quien tal hace que tal pague.

(Llora.)

Ángel   Mirando está tu humildad
tu Esposo, a quien enamoras
con las lágrimas que lloras,
porque con su Majestad,
   sus méritos aventaja
quien pequeño se parece;
tanto más la fuente crece
cuanto el agua suya abaja.
   Tú crecerás hasta el cielo,
pues hasta el suelo te abates,
y porque conmigo trates
cosas que te den consuelo,
   en pago de las afrentas
que presto has de recibir,
te quiero, Juana, decir
los milagros que tus cuentas
   tienen de hacer en España.

Santa   ¡Qué buena conversación!

Ángel   Sentémonos, que es razón.

Santa	¿Yo con vos? ¡Merced extraña! De rodillas, Ángel, sobra para mí.
Ángel	Tu familiar soy.
Santa	Así tengo de estar. Sentaos vos.

Ángel	Aunque no cobra
	  mi angélica agilidad
	cansancio del movimiento,
	por no ser en mí violento,
	con más familiaridad
	  y amor en esta ocasión,
	porque consolarte espero,
	sentarme, mi Juana, quiero
	contigo a conversación.

(Siéntase.)	Los venturosos rosarios que la Majestad inmensa en su soberano Alcázar tuvo en sus manos eternas, salieron con tantas gracias como se esperaba de ellas; que manos de Dios no saben hacer mercedes pequeñas. Las virtudes de los Agnus que el vice-Dios en la tierra concede, esas mismas dió Cristo, tu Esposo, a tus cuentas. Gracia de sacar demonios; contra tempestades fieras;

contra enfermedades varias;
contra tentaciones ciegas,
y otros muchos privilegios
que son sin número y cuenta;
que cuentas que al cielo suben
el cielo es bien baje en ellas.
Han de ser tan estimadas
como es justo, que son prendas
que en fe de su amor dio Cristo
a Juana, su esposa tierna.
El segundo Salomón,
Filipo, cuya prudencia
hará a la justicia y paz
que otra vez á España vuelvan,
una de estas cuentas santas
tendrá con la reverencia
que promete el que ha de ser
de la cristiandad defensa.
Y luego el tercer Filipo,
con su Margarita bella,
los pacíficos, los santos,
tendrán en otras dos cuentas
sumado el valor y estima
de sus célebres riquezas,
por ser joyas con que el alma
se compone y hermosea.
Clemente octavo vendrá
a esta casa antes que sea
de la barca de San Pedro
patrón y rija la iglesia,
y con una cuenta tuya
a Roma dará la vuelta,
con que adorne la tïara
que ha de ilustrar su cabeza.

El santo fray Julián
de tu Orden, que en herencia
en Alcalá, de Francisco
será ejemplo de inocencia,
y fray Francisco de Torres,
de quien este reino espera
milagros y maravillas
que sus vidas engrandezcan,
estas cuentas soberanas
han de estimar de manera
que con su autoridad pongan
freno a desbocadas lenguas.
Veinticuatro religiosas,
del falso espíritu opresas,
tienen de quedar en Francia
libres y sanas por ellas,
y si a algún endemoniado
una cuenta de estas llega,
apenas la tocará
cuando se libre de penas.
Tres ciegos cobrarán vista,
a dos mudos darán lenguas,
oirán por ellas los sordos,
cobrarán salud perfecta
enfermos de corazón,
de fiebres, de pestilencia,
de costado, de cuartanas,
de garrotillo, de lepra.
Serán único remedio
contra los que desesperan
de Dios, y harán que, contritos,
se arrojen a su clemencia.
Desterrarán tempestades,
amansarán las tormentas,

sin que los rayos furiosos
hagan daño en su presencia.
Contra espantos y visiones
serán medicina cierta;
darán sosiego y quietud
a escrupulosas conciencias,
y entre los muchos milagros
que ha de obrar la fe por ellas,
los que se comprobarán
tienen de ser más de treinta.
Todas estas maravillas
ha de hacer Dios, porque entiendas
lo mucho que te ama, Juana.
Mira si es bien que padezcas
por tan liberal esposo.

Santa   ¡Ay, Ángel divino! ¡Vengan
trabajos y menosprecios,
persecuciones y afrentas,
que si paga a letra vista,
Dios, en tan rica moneda,
y antes que a cuentas lleguemos,
son en mi favor las cuentas.
Sin cuenta quiero servirle.

Ángel   La vicaria es ya abadesa;
el oficio te ha quitado.
Ya tus trabajos comienzan,
Job de España, ya ha llegado
el tiempo en que ha de hacer prueba
del oro de tu constancia
el toque de la paciencia.
Contigo quedo, ten firme.

(Vase.)

Santa   Si mi guarda os encomienda
mi Esposo, ¿qué importan olas
en sufrimientos de piedra?

(Sale la Vicaria, ya Abadesa, y las monjas.)

Abadesa   Ya, hermana, ha querido el cielo
que los embustes se sepan
de su santidad fingida
para que remedio tengan.
Nuestro padre provincial
escandalizado queda
de modo de sus excesos,
que se ha partido sin verla,
y quitándola el oficio
me eligió por abadesa,
contra mi gusto por cierto;
mas obedecer es fuerza.

Santa   Nuestro padre provincial
en tan justa elección muestra
su cristiandad, su virtud,
su gobierno y su prudencia.
Que sin verme se haya ido
y mis culpas aborrezca
no me espanto, que es un santo,
y yo digna de las penas
del infierno. Aquesos pies,
aunque yo no lo merezca,
ponga, madre, en esta boca.

Abadesa   No me hable de esa manera;

74

hipócritas humildades
en mí han de hacer poca mella.
Álcese del suelo, acabe.

Santa   Si todos me conocieran
                como ella, madre, ¡en qué poco
                me estimaran y tuvieran
                los que me juzgan por santa
                siendo el mismo vicio! Es cuerda
                y conoce mis pecados.

Abadesa   Con fingidas apariencias
                no me ha de engañar, hermana;
                escuche la penitencia
                que me manda que la dé
                nuestro padre.

Santa   ¡Qué pequeña
                comparada con mis culpas
                será, por grande que sea!

Abadesa   El velo manda quitarla.

(Quítasele.)

Santa   Hace bien, que quien no vela
                con las vírgenes prudentes
                hasta que el esposo venga
                bien merece que la quiten
                el velo y que con la puerta
                la den. ¡Ay de mí, que soy
                una de las cinco necias!

Abadesa   Manda que todas las monjas,

hermana, la den en rueda
una disciplina.

Santa   Es justo
que a Dios pague en la moneda
que pagó por mis pecados.
Cinco mil azotes fueran
más justos en mí que en Él.
Ya me alivian esas nuevas.

Abadesa   También manda que la encierren
y den por cárcel su celda,
porque le han dicho que está
endemoniada y que intenta
el demonio por su boca
engañar a los que llegan
a escucharla cuando habla
fuera de sí en tantas lenguas.

Santa   No me espanto, que también
llamaba la envidia hebrea
a mi Esposo endemoniado.
Razón es que le parezca.
Enciérrenme, que es muy justo,
porque mis culpas no vean,
que por ser tan grandes temo
que ha de tragarme la tierra.

Abadesa   Pena de descomunión
manda que no hable con ella
ninguna monja.

Santa   ¡Qué sabio
mandato, qué gran prudencia!

A los que están apestados
dicen que nadie se llega
porque su mal no les toque.
Los vicios son pestilencia;
como soy tan pecadora
por apestada me encierran,
y es bien que ninguna me hable
porque de peste no muera.

Abadesa   Sabe Dios lo que he rogado
                 a nuestro padre por ella;
                 pero hale dado don Jorge
                 tan extraordinarias quejas,
                 que, satisfaciendo a todos,
                 y aun usando de clemencia,
                 le da este corto castigo.

Santa   ¡Y qué corto! El cielo quiera,
                 madres, que yo no lo pague
                 allá en las penas eternas.

Abadesa   Deje ya los fingimientos,
                 hermana, y al coro venga
                 adonde todas la azoten.

Santa   Vamos muy en hora buena.

Monja I   ¿Es posible que fingida
                 toda esta santidad sea?

Monja II   Pues el provincial lo dice,
                 que tiene tanta experiencia,
                 ¿quién lo duda? Y más, sabiendo
                 que el lobo se finge oveja.

(Vanse las dos monjas. Quédanse Sor Evangelista, la Abadesa y la Santa.)

Evangelista (Aparte.)   (Hanme mandado callar,
                         y el corazón me revienta
                         viendo padecer mi madre
                         de pesar y de tristeza;
                         mas, si son los gustos oro
                         y sus quilates acendra
                         la tribulación, ¿quién duda
                         que Juana ha de salir de ella
                         con infinitos quilates
                         para que sirva a la mesa
                         del infinito Monarca?
                         Esto solo me consuela.)

(Vase.)

Abadesa (Aparte.)   (Ya se cumplió mi deseo;
                         en fin, me han hecho abadesa.
                         Ya se vengará mi envidia
                         de esta hipócrita; contenta
                         voy en extremo. ¡Oh, qué vida
                         la pienso dar! No habrá afrenta,
                         castigo ni menosprecio
                         que no he de probar en ella.)

(Vase.)

Santa   A fe, Juana, que os conocen;
                         alegre estoy de que os tengan
                         por lo que sois. De esta vez
                         nadie os juzgará por buena.
                         Quien tal hace, que tal pague.

Pagad, Juana, vuestras deudas,
que, pues todas os persiguen,
a todas hacéis ofensa.

(Vase. Salen don Jorge, Lillo, Crespo, Mingo y Berrueco.)

Jorge   Los propios del lugar y renta aplico
a mi hacienda.

Crespo   ¿No basta su encomienda?

Jorge   No repliquéis, villano.

Crespo   No replico;
mas, ¿por qué nos despoja de la hacienda?

Jorge   Estoy yo pobre y el concejo rico;
no habrá quien de vosotros me defienda,
que entre villanos mal podrá enfrenallos
si el dueño es pobre y ricos los vasallos.
        ¿Qué depósito tiene aquí el concejo?

Mingo   Cien fanegas de pan que da cada año
a pobres del lugar.

Jorge   ¡Lindo aparejo
para holgazanes!

Mingo   No teme ese daño;
porque solo se da al enfermo viejo
y a la mísera viuda.

Jorge   Ése es engaño;
aplícolo a mi renta.

Berrueco	Pues los pobres, ¿qué han de comer cuando su pan los cobres?
Jorge	Remedio habrá para ellos.
Berrueco	¿De qué suerte?
Jorge	A los pobres enfermos desterrallos.
Crespo	Que eres cristiano y que lo son advierte.
Jorge	En Illescas podrán mejor curallos.
Berrueco	¿Y a los viejos?
Jorge	¿Los viejos? Darlos muerte, pues no hay limosna igual como sacallos de este mal mundo.
Mingo	¿Y ése es buen consejo?
Jorge	¿Para qué ha de vivir, si es pobre, un viejo?
Mingo	¡Plegue a Dios que no llegues a esos días!
Jorge	Las viudas hilen, si de edad no fueren para casarse.
Berrueco	Bien tu intento guías.
Jorge	No ha de haber pobres; los que aquí lo fueren hacedlos desterrar, que son harpías que a nuestras mesas sustentarse quieren;

80

y un poderoso que los desterraba
ratones de los ricos los llamaba.

Crespo   Mejor nombre les da el cristiano celo,
de quien en este mar los llama naves
en que la caridad despacha al cielo
riquezas de que tiene Dios las llaves.
El mundo es mar y en él, cierto, recelo
de sus Caribdis y sus Sirtes graves.
En su golfo se pierde el que navega;
sola la caridad al cielo llega.

Jorge   Predicador villano: ¿tú conmigo
con ejemplos y réplicas te pones?
Vete, si no es que aguardes el castigo
digno de tus hipócritas razones.
No es bien que a pobres se reparta el trigo,
que son de la república ratones.
Vete.

Mingo   Si limosnero, señor, fueras,
tus vicios, con ser tantos, encubrieras.

(Vanse los tres labradores. Sale Mari Pascuala.)

Mari   A no salir del convento,
de modo me enamorara
tu divino entendimiento,
Juana santa, que dejara
de dar al cuerpo sustento
    por tus palabras, manjar
que desterrando el pesar
dejan el sentido en calma,
pues con las sobras del alma

me pudiera sustentar.

Pero, pues que de él salí
y palabra en tu presencia
de no ofender a Dios di,
no hayas miedo que en tu ausencia
pueda la pasión en mí

lo que ha podido hasta agora,
que, en fin, eres mi fiadora,
y Dios severo acreedor
que cobrará con rigor
si no paga la deudora.

A don Jorge quise bien;
pero ya en ceniza fría
sus torpes brasas se ven.
¡Ay cielos! éste es.

Jorge   María,
a mi vista albricias den

mis deseos, que en tu ausencia
han mostrado a la experiencia,
en el potro del amor
los tormentos que el temor
suele dar a la paciencia.

¿No me hablas? ¿Porqué enojos?
Pones mi esperanza en duda.
Mas ya sé que son antojos
de amor, que la lengua muda
suele pasarse a los ojos.

Mi María, si no es vano
el amor que te provoca,
ya que por temor liviano
me niega el habla tu boca,
hablar puedes por la mano,

que su cristal me enamora.

Mari (Aparte.)	(¡Ay confianza habladora!
	Cuán lejos suele vivir
	el prometer del cumplir
	he experimentado agora.
	Soldado he sido cobarde;
	hice en la paz menosprecio
	de la guerra, y en su alarde
	caí; que es propio del necio
	temer el peligre tarde.
	Prometí de no ofender
	a Dios; pero, ¿qué he de hacer,
	si la poca resistencia
	me cupo solo en herencia
	de la primera mujer?
	De un modo empiezan su nombre
	mudanza y mujer liviana;
	mudéme, nadie se asombre,
	si a Eva vence una manzana,
	que hoy a mí me venza un hombre.)
Jorge	¿Qué dices?
Mari	Que no quisiera,
	por lo bien que me estuviera,
	deciros que os quiero bien.
Jorge	Pues, mi labradora, ven
	adonde mi amor te espera.
Mari (Aparte.)	(¿Éstas las cenizas son
	frías? Mas dejó una brasa
	escondida la afición,
	y quemaráse la casa,

porque sopla la ocasión.)

(Vanse don Jorge y Mari Pascuala. Queda Lillo y sale Crespo.)

Crespo   Yo, señor Lillo, quisiera
                    hablar al comendador.

Lillo   Por el Lillo y el señor
                    le llamara si estuviera
                      para eso; pero está
                    ocupado.

Crespo   Pues ¿qué hace?

Lillo   Una dueña en quien deshace
                    lo que ella otra vez no hará.

Crespo   Que es cosa y cosa parece.

Lillo   Cosa sin cosa podría
                    ser ya.

Crespo   ¿Quién será?

Lillo   María

Crespo   ¿Mari Pasqual?

Lillo   Ésa ofrece,
                      pues que saberlo codicias,
                    primicias de su hermosura
                    a don Jorge.

Crespo   Pues ¿es cura

84

	para llevar las primicias?
Lillo	Ésta es la verdad.
Crespo	¿No estaba en la Cruz?
Lillo	Hízola echar Juana.
Crespo	Yo voy a avisar a su padre, que pensaba que allí la tenía guardada; pero diréle que queda bellaca para moneda.
Lillo	¿Por qué?
Crespo	Porque está cercenada.

(Vase. Sale don Jorge maltratando a Mari Pascuala.)

Jorge	Echa, con la maldición, esta mujer, en quien veo que es la esperanza y deseo mejor que la posesión. ¡Que lo que pretendí tanto tanto me llegue a enfadar!
Lillo	Amón eres con Tamar; gozástela, no me espanto. Dos caras el gusto pinta, señor, en cualquiera cosa: si es ajena, muy hermosa;

pero si propia, distinta.
   Cuando ajena, cosa es clara
que el Sol era su traslado;
pero ya que la has gozado
verás la segunda cara.

Mari   ¿Así se paga el honor
de una mujer, fementido?
Mas de honras, ¿cuándo ha sido
el mundo buen pagador?

Jorge   Déjala y ven.

(Vase.)

Mari   Oye, escucha
¡Ah tirano; ¿así te vas?
Mas la deuda negarás,
que es costumbre cuando es mucha.
   Paga como caballero;
pero dirás, y es verdad,
que perdió la voluntad
el gusto, que es su dinero.
   Que eres noble considera.

Lillo   Pasito, Mari Pascual,
que no fuera él principal
si pagara y no debiera;
   y si de palacio el trato
sabes, ten por negocio hecho
que eres mía de derecho,
porque he levantado el plato.
   Si te dejares comer
mi apetito estimarás.

Mari	Como imitándole estás,
	vendrás tan infame a ser
	como el señor, de quien eres
	torpe solicitador,
	sin sentir tu vil señor
	que te sirvan las mujeres
	que él deshonra, de despojos.
	Pero, afrentoso alcahuete,
	aguárdame, y sacaréte,
	porque no lo seas, los ojos.

Lillo	¿Porque a mi amo ha servido
	tantos humos ha cobrado?
	Advierte que es del crïado
	todo el ropaje traído
	y que aunque el rey tenga un bayo
	de notable estimación,
	quitado el caparazón,
	le corre cualquier lacayo.

(Vase.)

Mari	¿Éstos son pagos del mundo,
	en deudas tan merecidas
	como son deudas de honor
	cuando se acercan sus ditas?
	¿Así se cumplen palabras
	con lágrimas ofrecidas,
	con promesas intimadas,
	con ansias encarecidas?
	¿Aquesto es ser caballero?
	¿En esta nobleza estriba
	el valor que España ensalza

87

y estimaron mis desdichas?
¿Mudables, dicen que son
las mujeres, ofendidas
de tantas lenguas mordaces
tantas plumas enemigas?
¿Esto es ser hombre, de quienes
tantas virtudes se afirman,
tantas hazañas se alaban,
tanta firmeza publican?
   Si así los hombres son que España cría,
¡mal haya la mujer que en hombres fía!
   ¡Ah ingrato y necio pastor!
¿La oveja dejas perdida
para que lobos la coman
después que la lana esquilmas?
¿Cómo, cielos rigurosos,
si es verdad que la justicia
desterrada de la tierra
vuestro tribunal habita,
no castigáis este ingrato,
pues no valen allá arriba
las dádivas ni el poder
que tantas varas derriban?
Justicia os pide mi agravio
de un traidor que famas quita,
de un hombre, en fin, que en ser hombre
será la mudanza misma.
   Mas, pues deudas de honor tan presto olvidan,
¡mal haya la mujer que en hombres fía!
   Pero, alma, ¿de qué os quejáis
de promesas no cumplidas,
si la palabra quebrastes
que a Dios distes este día?
Si os quitó don Jorge la honra,

por vos quitaron la vida
a Dios; si él os ha dejado,
sin Dios andáis vos perdida.
Yo prometí no ofender
su Majestad infinita,
Juana salió mi fiadora;
mas ¿quién de ocasiones fía?
¿Tendrán perdón mis pecados?
No; que es la ofensa infinita.
¿No puede Dios perdonarme
si le llamo arrepentida?
Sí puede, mas no querrá;
pues ¿será razón que viva
mujer que perdón no aguarda
y de un hombre fue ofendida?
Eso será gran deshonra;
pues ¿quitaréme la vida?
Sí; que ya estoy condenada,
y el Ángel que en compañía
y guarda el cielo me dio
me ha dejado, porque escrita
ha visto ya la sentencia,
por mi mal, difinitiva.
¿Adónde un lazo hallaré?
Mas ¿será tal mi desdicha
que aun le faltará a mi muerte
el instrumento homicida?
Dadme, verdugos eternos,
un cordel, que al que castigan
de balde le da la soga
con que muera, la justicia.

(Échanla un cordel.) ¿Qué es esto? ¡Ay de mí! Una soga
me arrojaron desde arriba.
¡Que por tan cruel salario

halle el mundo quien le sirva!
Dádivas son del infierno
que promete oro de Tíbar
y teje sogas de esparto
que esperanzas precipitan.
Pero ¿qué mucho, si a Dios,
cuando con pan le convida,
en vez de pan le dé piedras
que en sogas libre sus ditas?
Matad, pues, cuerda, una loca
desesperada y precita,
que quien el honor perdió
justo es que pierda la vida.
    El desprecio de un hombre es mi homicida.
¡Mal haya la mujer que en hombres fía!

(Quiere ahorcarse, baja de arriba la Santa, volando y detiénela.)

Santa   Detén la bárbara mano.
¿Por qué, ingrata, desconfías
de Dios misericordioso
y apelas de su justicia?
Quien perdonó a Magdalena
te perdonará, María,
pues es su misericordia,
como entonces, infinita.
Pide con ella perdón,
y en estas cuentas benditas
espera, que Dios en ellas
tus cargos y cuentas libra.

(Dale un Rosario y desaparece.)

Mari   ¡Oh mil veces santas cuentas;

milagrosa medicina
de precipitadas almas!
Por vosotras reducida,
confieso y tengo por fe
que a un «pequé» del alma, olvida
Dios infinitas ofensas.
Pequé, Señor, mi alma diga.
En la Cruz he de ser monja;
vuestra Majestad permita
que sus religiosas santas
me lo otorguen, aunque indigna,
que, como la Cananea,
las migajas y reliquias
de su venturosa mesa
podrán sustentar mis dichas.
Juana, por vuestra oración
me ha dado el cielo dos vidas,
la del alma y la del cuerpo.
Misericordia infinita,
    pues perdonáis ofensas cada día,
¡bienhaya la esperanza que en vos fía!

Fin de la segunda jornada

Jornada tercera

(Sale la Santa, presa, a una reja.)

Santa   Presa estoy por mi abadesa,
                      y en esta celda reclusa,
                      que, a quien tan mal del bien usa,
                      justo es que la tengan presa.
                      Castigado el loco asesa;
                      el contento me provoca
                      de esta pena que, aunque es poca,
                      los que me reverenciaban
                      y «la santa» me llamaban
                      ya me llamarán la loca.
                        ¡Qué buen nombre me darán
                      y qué contenta estuviera
                      si llamarme loca oyera
                      a los que en mí hablando están!
                      Leve castigo me dan
                      para hallarme tan culpada;
                      pero tengo una prelada
                      tan apacible conmigo
                      que juzgará a gran castigo
                      el tenerme aquí encerrada.
                        Suele el preso entretener
                      la pena y melancolía
                      que el temor y el ocio cría,
                      ya en jugar y ya en leer;
                      lo segundo quiero hacer
                      sin dar lugar a querellas.
                      Libros sois, máquinas bellas,
                      de milagrosa dotrina,
                      con signos de estampa fina,
                      cuyas letras son estrellas.

Once cuadernos encierran
vuestras hojas soberanas,
en cuyas escritas planas
tantos filósofos yerran.
Los polos fijos que cierran
este libro y su tesoro,
son las manecillas de oro,
y el Sol y la Luna son
la hermosa iluminación
que hizo el libro que adoro.

En esta hermosa cartilla
que, cual pergamino extiende
el Maestro eterno, aprende
toda criatura sencilla.
El sabio se maravilla
como el ignorante en vella,
y sin poder comprehendella
sino su Autor soberano,
desde el hombre hasta el gusano
están deletreado en ella.

Aves, que con varias plumas,
dándoos el viento papel
estáis escribiendo en él
de Dios las grandezas sumas.
Peces, que cortando espumas
formáis círculos mejores;
hierbas, que en tantos colores
cartas al cielo escribís;
fuentes claras que imprimís
vuestros lazos en sus flores,
    pues andamos a esta escuela
y de este libro la fe
nos enseña el abecé
que el más letrado desvela,

daros lición me consuela.
Aquí os podéis allegar,
pues que nos sobra lugar,
y ya la abadesa mía
a las gentes, cual solía,
no me deja predicar.

(Descúbrese un campo con aves y un río con peces, oyendo predicar a la Santa.)

Mi seráfico llagado
predicaba muchas veces
a las aves y a los peces
cuando no estaba en poblado.
Pues solos nos han dejado,
ea, hermanos pajaricos,
de plumas y voces ricos,
llegaos de dos en dos.
Animalejos de Dios,
plateados pececicos,
    venid todos y escuchad
con atención y respeto.
Ninguno me esté inquieto,
que le azotaré en verdad.
La Divina Majestad
repartiendo su tesoro
en este esférico coro
su providencia dilata
crïando peces de plata
y aves de esmeralda y oro.
    Junto al líquido marfil
pasa la fresca ribera,
con cortes que primavera
trujo al apacible abril.

Luego dio al mayo sutil
tornasolados plumajes
de ramas y flores, trajes
con que sus pajes compuso,
que, pues casa al hombre puso,
bien es que la vista pajes.

   Después el pródigo agosto
cubrió de manojos rubios
las eras desde los ubios
del carro largo y angosto;
y luego, en sabroso mosto,
pasado el estío enjuto,
dio generoso tributo
septiembre a los labradores,
porque después de las flores
quiere Dios que demos fruto.

   Reinó luego el cierzo frío,
de enero la barba cana
dando de nieve la lana
al monte, el cristal al río;
el escarchado rocío
sobre el campo siembra y vierte;
que como año, si se advierte,
llega la edad más cumplida
desde el abril de la vida
al invierno de la muerte.

   En otros tiempos diversos
Dios, con manos liberales,
sustenta a los animales,
peces y aves universos,
para que, en compuestos versos,
alaben perpetuamente
entre sus guijas la fuente,
y con agudos y graves

entre los ojos las aves
y entre los pueblos la gente.
    Cada cual al cielo avisa,
que esta obligación forzosa
cumple el campo con su rosa
y el arroyo con su risa.
Solo es del hombre divisa
la ingratitud, que procura,
como no ve la hermosura
de su eterno bienhechor,
por olvidar el Criador
perderse por la criatura.
    Pero, aunque pueda aprender
de vuestra obediencia el hombre,
hermanicos, no os asombre
que tenga que reprehender.
La hormiga no ha de querer
que el avaro, siempre pobre,
alas con su ejemplo cobre
para que adquiera y no gaste,
bueno es llevar lo que baste,
malo es llevar lo que sobre.
    ¿Por qué vos, hermana hormiga,
lisonjera del montón,
a la gula dais ficción
porque su apetito siga?
Siempre del comer amiga,
pues, en trabajos y fiestas
por los llanos y las cuestas,
como el avariento humano,
sois ganapán del verano
llevando tercios a cuestas.
    No es esto bien hecho, hermana,
ya es supérfluo ese cuidado;

quien hoy os ha sustentado
os sustentará mañana.
Y el avecilla liviana
que con las alas y pies
acude al sembrado, que es
la vida y sustento humano,
que para comer un grano
deja descubiertos tres.
    ¿Qué merece? ¿Esto es bien hecho?
¿No es como el pródigo loco
que, habiendo menester poco
para quedar satisfecho,
desperdicia sin provecho
la hacienda suya y la ajena?
Coma el ave, enhorabuena,
si le basta un grano o dos,
que para todos da Dios;
mas el perderlo condena.
    Y la hermana golondrina
que en los santos edificios
quiere estorbar los oficios
de la Majestad divina
cantando, ¿es buena vecina?
Por muy mala la contemplo,
pues con sus voces da ejemplo
a los que en conversación
la casa, que es de oración,
hacen sarao y no templo.
    Cuando el sacerdote canta,
callad, hermana picuda,
que a veces la lengua muda
merece nombre de santa.
El perro leal me espanta
de ver que tanto amor cobre

al rico, que ladre al pobre.
Ésa es poca caridad,
que el pobre en la calidad
es oro, y el rico es cobre.
    También en reñir me fundo
los peces, que, cual los ricos,
los grandes tragan los chicos,
pegando esta peste al mundo.
Aunque el siglo es mar profundo,
no es bien despreciar los buenos,
que, si agora valen menos,
son norias los señoríos
donde bajan los vacíos
y vuelven a subir llenos.
    Ea, acábese el sermón,
con que cuantos aquí estamos
ensalcemos y sirvamos
al Divino Salomón;
él os dé su bendición.
¡Hermanos animalejos,
de los hombres sois capejos!
Adiós; tomen este pan
y mañana volverán;
daréles nuevos consejos.

(Encúbrese el campo.)

De completas es ya hora;
quiero, mi Jesús, rezarlas.
¡Ay, quién oyera cantarlas
vuestra capilla sonora!
Aunque soy mala cantora,
yo sé, Amor, que no os pesara
si algún motete entonara,

haciendo a mis dichas fiesta.
Pero ¿qué música es ésta?

(Aparécese con música San Antonio de Padua con el niño Jesús y el Ángel con una corona de flores.)

Santa   ¡Oh luz apacible y clara!

Jesús   ¡Esposa mía!

Antonio   ¡Mi hermana!

Santa   ¡Mi Jesús, mi San Antonio!
                               El Niño dé testimonio
                               de lo que vuestro amor gana.

Antonio   ¿Quieres tenerle tú, Juana?

Santa   No soy digna como vos
                               de ese bien; gozaos los dos,
                               que, como en dichosos lazos
                               siempre le traéis en los brazos,
                               parecéis madre de Dios.

Jesús   De esposo te vengo a dar
                               esta sortija.

(Dale una sortija.)

Santa   ¡Qué bella!
                               Vos seréis diamante en ella,
                               que sois la piedra angular.
                               Bien hacéis en visitar
                               los presos, dueño querido.

100

Jesús	Juana, quien te ha perseguido está a la muerte.
Santa	¡Ay, mi bien! ¿Quién me ha perseguido?
Jesús	¿Quién? Tu vicaria.
Santa	Aquesa ha sido mi madre y es mi abadesa.
Jesús	Siempre te ha querido mal, y con castigo inmortal lo ha de pagar.
Santa	No es paga esa digna del bien que confiesa mi alma haber recebido por su causa, que si he sido, mi Dios, presa y castigada, soy mala, y es mi prelada, bien lo tengo merecido. Habéisla de dar perdón por mi ruego, Esposo santo, Dadla doloroso llanto y muera con contrición; ablandadla el corazón, o no os soltaré tan presto. Mi Jesús, yo quiero esto. ¿Habéislo de hacer por mí? Decid sí.

Jesús	Digo que sí.
Santa	¡Echó mi ventura el resto!
Jesús	¿Qué me pedirás, esposa, que no haga?
Santa	¡Ay, dueño amado!
Jesús	Estoy muy enamorado de ti.
Santa	Y yo muy venturosa.

(Pónela el Ángel la corona.)

Jesús	Con esta corona hermosa que Laurel, tu ángel, te pone, tu constancia te corone.
Santa	¿Dejáisme?
Jesús	Quédate a Dios.

(Encúbrese.)

Santa	Eso es quedarme con Vos. Mi dicha el mundo pregone.

(Sale sor María Evangelista y Mari: Pascuala de monja.)

Evangelista	Madre: la madre abadesa se nos muere.

Santa	Ya lo sé.
Evangelista	No quiere que esté más presa, sino que perdón la dé de las culpas que confiesa.
Mari	Muestras de extraño dolor tiene.
Santa	Gracias al Señor, que su pecho ha vuelto tierno.
Evangelista	Teme que ha de ir al infierno.
Santa	De eso no tenga temor, que ni se ha de condenar ni ha de ir al purgatorio.
Evangelista	¡Qué favor tan singular!
Santa	Al eterno desposorio mi Jesús la ha de llevar. A vos, ¿cómo os va, María?
Mari	Como en vuestra compañía, madre santa, que es del cielo. Mas de Don Jorge recelo; porque de nuevo porfía a perseguirme después que sabe que monja soy; temo mi flaqueza, que es, al fin, de mujer.
Santa	Yo os doy

        palabra que el interés
          de su torpe amor, María,
        ha de volverse este día
        en devota pena y llanto.
        Don Jorge ha de ser un santo.

Mari   Pedidlo a Dios, madre mía.

Santa   Confiésoos este favor
        de mi amoroso Señor,
        que es muy largo y liberal;
        yo he de dar bien por mal
        si fue mi perseguidor.

(Sale una Monja.)

Monja   Madre, la abadesa os llama;
        porque dice que sin vos
        todo es pena.

Santa   Mucho me ama;
        vamos, que a gozar de Dios
        volará desde la cama.

(Vanse las tres. Queda Mari Pascuala y sale otra Monja con un cestillo de fruta.)

Monja   Su padre, hermana, le envía
        esta fruta; la andadera
        se la trajo a la tornera.

Mari   Yo la estimo, madre mía.
          ¿Quiere de ella?

Monja   Haráme daño
                    y soy mala comedora.
                    Adiós.

(Vase.)

Mari   ¿Fruta mi padre ahora?
                    Regalo es si no es engaño.
                        El cestillo quiero ver.
                    Manzanas son y un billete.
                    Todo engaños me promete;
                    aquí he aprendido a leer
                        un poco. ¿Cúyo será,
                    que mi padre nunca escribe?
                    ¿Si es de don Jorge en quien vive
                    el fuego que apagué ya?
                        iOh, qué mala fruta nueva
                    será y qué triste presente,
                    si es don Jorge la serpiente
                    que engaña con fruta a Eva!
                        ¿Otra vez el corazón
                    rendís, mudanzas livianas?
                    iAy, hechizadas manzanas,
                    y ay, hechicera afición!
                        Imposible es no mirarle,
                    pues ha de ser, sin creerle,
                    abrirle para leerle,
                    leerle para rasgarle.
                        iLas mentiras que habrá en él!
                    Una manzana ligera
                    engañó a Eva. ¿Qué hiciera
                    con manzanas y papel?

(Lee la carta.) «Para castigo de mi ingratitud basta ausencia de un mes; y para premio de mi amor que, como fénix, renace de las cenizas del pasado, determínate esta noche a aguardarme, a las doce, junto a las paredes más bajas de la huerta de esa casa, que, pues no eres profesa en ella y yo sí en quererte, a esa hora las asaltaré, para que con secreto, si tú quisieres, satisfaga quejas pasadas, o con el alboroto, si te resistes, dé que decir a todos. No aguardo respuesta, porque, de una manera o de otra, tú sola lo has de ser, a quien el cielo guarde.
Don Jorge.»

Resuelto el mudable está.
Cielos, ¿qué responderé?
¿Persuadiréme y creeré
que don Jorge pagará
    segundas prendas de amor
con promesas lisonjeras,
si despreció las primeras,
de más estima y valor?
    No; mejor es excusar
el rigor de la justicia
de Dios. Mas ¿no soy novicia?
Segura puedo dejar
    el hábito; ¡qué cruel
pensamiento! ¿Pagará
mi amor quien en arras da
de mi honor un vil cordel?
    ¿Dirélo a mi madre Juana?
No, que viéndome dudosa
podrá ser que rigurosa
me castigue por liviana.
    Ya es de noche; ¿qué he de hacer?
Amparadme, Juana, vos,

pues, os suele decir Dios
lo que ha de suceder.

(Vase. Sale solo Lillo, de noche.)

Lillo   ¡Par Dios, que me trae don Jorge
en buenos pasos! Mas son,
los pasos de la pasión.
El diablo temo que forje
    alguna trampa en que demos.
Su mudable natural,
gozada Mari Pascual
y empalagado, hizo extremos.
    Dejóla, metióse monja,
y agora la privación
como si fuera eslabón
y el alma yesca de esponja,
    tal fuego ha venido a dar
que, loco, hace juramento
que ha de entrar en el convento
y otra voz la ha de gozar.
    Y a mi que toda la tarde
jugando he estado y bebiendo,
y quisiera estar durmiendo,
me manda que aquí le aguarde.
    He cargado delantero,
que soy devoto de Baco,
y por mi devoción saco
soplando el ánima a un cuero.
    Dos mil candiles y luces
me representan en vano,
y como soy buen cristiano
con los pies hago mil cruces.
    Pienso que doy al través

tropezando, y por más mengua
pronunciando erres la lengua,
escriben equis los pies.
   Sentado podré aguardalle.
¿Bostecitos? Brindis son,
al sueño; haré la razón
aunque me duerma en la calle;
   que quien de Baco es amigo
y a tragos sus pechos mama,
jamás dormirá sin cama,
que siempre la trae consigo.

(Sale don Jorge como de noche. Lillo se duerme.)

Jorge   Lo que desprecié deseo,
que es niño Amor, y apetece
hoy lo que ayer aborrece.
Ya tendrá Pascuala, creo,
   el papel que la escribí;
su amor puede asegurarme
que debe ya de esperarme.
A Lillo mandé que aquí
   me aguardase. ¡Buena guarda
tendrá en él mi pretensión!
Pero si mujeres son
tímidas, ¿qué me acobarda?
   No esta la pared muy alta
para las alas de Amor;
pero no, que si es traidor
quien del rey la casa asalta,
   ¿qué será quien la de Dios
quiere escalar? Mas dejemos,
alma, temores y extremos,
porque no digan de vos

que amáis poco. Alto, cuidados,
subid, que no hay que esperar.

(Entre sueños.)

Lillo

Digo que tengo de echar,
pues que soy mano, los dados.
   Juega y calla.

Jorge

          Si está dentro
quien adoro, ¿en qué repara
mi recelo? Subo.

Lillo

          Para.

Jorge

¡Que pare! Pues ¿qué hay?

Lillo

               Encuentro.

Jorge

   ¿Encuentro? Luego ¿otro amante
la goza dentro? ¡Ay de mi!
Mataréle si es así.
Pasemos, alma, adelante
  que éstos son todos encantos;
¿qué me puede resultar
de entrar y sacarla?

Lillo

           Azar.

Jorge

¿Qué será esto, cielos santos?
  ¿Quién mi daño pronostica?
¿Azar me ha de suceder?
Hechizos deben de ser
que aquella Juana fabrica

109

por que mi amor vuelva atrás;
pues en vano será.

Lillo   Espera.

Jorge   ¿Qué quieres, voz?

Lillo   Salte afuera.

Jorge   No quiero.

Lillo   Pues perderás.

Jorge   ¿Qué hay que temer?

Lillo   Mala suerte.

Jorge   Hechizos son, pero en vano;
               subo.

Lillo   Espera, echa otra mano.

Jorge   Que eche a otra mano me advierte;
                 luego ¿no voy bien por ésta?

Lillo   No, vuelve otra vez a echar
               el dado.

Jorge   Que vuelva a amar
               otra mujer me amonesta.
                 No sé, por el cielo eterno,
               lo que haga.

Lillo   Ya has perdido.

Jorge	¿Qué?

Lillo	El alma paso.

Jorge	Sentido,
	¿adónde vais?

Lillo	Al infierno.
	Paso.

Jorge

        Déjame gozar
a Pascuala, y venga luego
los que en el eterno fuego
se abrasan.

Lillo	Siete y llevar.

Jorge

    Lillo es, por Dios, que, dormido,
mi amor ha puesto en cuidado,
pues todo lo que ha soñado
de mi mal presagio ha sido.
    Aumentado ha mi temor
por lo que durmiendo acierta.
¡Borracho, loco, despierta!

(Dale de coces.)

Lillo
(Levántase.)

Barato fuera, señor.
    Como has venido tan tarde,
que par Dios, que me dormí.

Jorge

¡Buena ayuda tengo en ti!
Vuélvete a casa, cobarde,

	y haz que venga alguna gente
	por si fuere menester.
Lillo	¿Quieres subir?
Jorge	¿Qué he de hacer?
Lillo	Ya yo sé que eres valiente;
	mas [ya] no es nada una escala
	a estos tiempos.
Jorge	Vuelve aquí
	con la escala.
Lillo	Harélo así.

(Vase.)

Jorge	Las monjas que con Pascuala
	están no pondrán en duda
	mis violentos pareceres,
	que huirán como mujeres
	viendo una espada desnuda.
	Mal hago; pero al fin sigo
	mi inclinación; de ella espero
	mi contento; subir quiero.
	Amor, venid en mi ayuda.

(Al querer subir, se aparece la Santa arriba de rodillas, y a su voz se retira y estremécese, temeroso de lo que dice:)

Santa	Don Jorge, ¿dónde vas? ¿qué es lo que intenta
	tu juventud liviana?
	Ten cuenta que mañana has de dar cuenta

a Dios, severo juez, y que mañana
te espera, cuando todos te hacen cargo,
larga cuenta que dar de tiempo largo.

(Desaparece. Sale don Jorge, solo.)

Jorge ¿Larga cuenta que dar de tiempo largo?
¿Y hasta mañana vivo?
¿Tan corto el plazo, tan probado el cargo?
¿Tan poco el gasto de tan gran recibo,
y que me aguarde, cuando más vicioso,
término breve, tránsito forzoso?
Alma, ¿sois de diamante?, ¿sois de piedra?
Si es la muerte el gusano
de Jonás, que la vida como hiedra
derribas, ¿qué esperáis, intento vano,
si mañana he de ver a lo más largo
terrible tribunal, juicio amargo?
Perdiendo la ocasión, perdí la vida
en la torpeza y vicio.
¿Qué espera, pues, un alma tan perdida?
Sin juicio viví, pues el juicio
no temí, que es por ser tan riguroso
aun a los mismos santos espantoso.
Todos son contra mí, todo me culpa;
no tengo cosa buena
que poder alegar en mi disculpa,
ni vale aquí el favor contra la pena,
porque es en tribunal tan espantoso
recto el Juez, y entonces riguroso.
Pues, alma, demos vuelta; si hasta agora
de vicios sois trasumpto,
que Dios perdona al pecador que llora;
no perdáis punto, porque en solo un punto

ganaréis si lloráis contrito y tierno,
punto en que va a gozar de Dios eterno.
Por un «pequé» perdona de improviso
Dios al salmista hebreo;
a Dimas da un momento el Paraíso;
por cambio, el cielo, en cambio da a Mateo.
Alma, en tu mano está, o el premio eterno,
o el penar para siempre en el infierno.

(Sale Lillo.)

Lillo   Señor, ¿subiste ya? ¿Salió Pascuala?
Seis criados de casa prevenidos
traigo, que es cada uno un Rodamonte.

Jorge   ¡Ay, Lillo! Pues ¿podrán esos seis hombres
defenderme del trance riguroso
de un Dios que es Juez severo y poderoso?

Lillo   ¿Cómo es esto? ¿Ya hablas capuchino?
¿Qué has visto?

Jorge   La sentencia de ini muerte;
mi mala vida, el libro de las cuentas
que ha de ajustar mañana Dios conmigo.
¡Ay del que espere dar cuenta tan mala!

Lillo   Que, en fin, ¿Ya no te acuerdas de Pascuala?

Jorge   Mortal estoy, yo siento que me muero.
Juana, si quien os ha cual yo ofendido
merece que por vos perdón alcance,
imitad vuestro eterno y santo Esposo,
que por sus enemigos a su padre

rogó en la cruz; pedilde que no muera
sin el dolor perfecto de mis culpas;
no permitáis que para siempre pene,
no permitáis que mi alma se condene.

Lillo

Salud tienes agora, mozo eres.
¿Quién te metió en los cascos que te mueres?

Jorge

Mañana pagaré el común tributo.

Lillo

Aún no tan malo si me cabe un luto.
Di, ¿qué tienes, señor?

Jorge

Culpas sin suma;
la justicia de Dios es libro y pluma.

Lillo

¿Tú eres don Jorge?

Jorge

Soy mortal que basta.

Lillo

¿Qué temes?

Jorge

Del alcance el mal descargo,
larga cuenta que dar de tiempo largo.

(Vanse. Salen la Santa y las monjas.)

Evangelista

Madre: ¿que os vemos ya libre?
¿Que se alegra vuestra casa
otra vez con vuestra vista?

Monja I

¡Que por vuestra oración santa
murió la que os perseguía
como un ángel!

Monja II	¿Quién no alaba vuestra virtud, madre nuestra?
Santa	Hijas, demos muchas gracias a mi soberano Esposo, pues goza nuestra prelada de su presencia divina en su celestial alcázar, y dadme los brazos todas.
Monja III	Corridas y avergonzadas, las que antes la persiguieron, la piden perdón.

(De rodillas todas.)

Santa	Hermanas, alzad del suelo, abrazadme.

(Sale Mari Pascuala.)

Mari	Madre mía: pues alcanza todo lo que a Dios le pide, duélase agora de un alma que en el trance de la muerte, invoca su ayuda santa. Don Jorge se está muriendo. Quísele bien, madre amada, sentiré que se condene por mí, que he sido la causa de los desatinos suyos.
Santa	Esas lágrimas me agradan;

116

lástima tengo a don Jorge.
No permita Dios que vaya
al infierno. Hermanas mías,
lloremos todas, que alcanzan
las lágrimas cuanto pueden.
Todas al coro se vayan
a rogar a Dios por él,
mientras que yo, arrodillada,
suplico a quien derramó
por él su sangre en el ara
de la cruz, que no permita
tanto mal, desgracia tanta.

Mari   Vamos, madres, que ya voy
con cierta fe y confianza
que don Jorge ha de salvarse,
aunque son sus culpas tantas.

(Vanse.)

Santa   Hoy es Viernes de la Cruz
y de la Semana Santa
el día más misterioso,
de más dolor, de más gracia.
La cruz tiene a Dios clavado,
que es su tálamo, su cama,
su cátedra, su palenque,
su esposa, su enamorada.
En otra cruz quiero yo
ponerme, que, si le agrada
tanto la cruz á mi Esposo,
¿quién duda que por su causa
me dará cuanto le pida?

(Crucifícase.) ¡Ay mi Dios, y quién pasara

117

en este madero santo
los tormentos, penas y ansias
que pasastes Vos por mí!
¿Yo el pecado, Vos la gracia;
yo en regalos, Vos en cruz;
Vos con tormentos, yo sana?
¡Ay Jesús del alma mía!
Vuestros dolores traspasan
mi abrasado corazón,
mis encendidas entrañas.
¡Ay Seráfico Francisco,
quién con las insignias santas
os viera que el Serafín
os dio por joyas preciadas!
Vos que imitación de Cristo
sois vos en quien se retrata,
vos en quien su pasión pinta,
vos en quien puso sus llagas,
venidme a ver y lloremos
los dos el ver cuál maltratan
los lobos nuestro Cordero.

(Aparécese San Francisco en cruz con el serafín, como se pinta.)

San Francisco   Contigo estoy, hija cara.

Santa   ¡Oh, Alférez de Dios humano,
dosel donde están sus armas,
imitación de su vida,
depósito de sus llagas!
Desde aquí las reverencio;
Mayordomo de su casa,
vos sois sus pies y sus manos,
su magnate, su privanza.

Bien os están los rubíes;
buen provecho, santo, os hagan.
¡Qué envidia tengo de veros,
si envidia puede haber santa!

(Aparécese Cristo crucificado.)

Cristo   Hija: porque no la tengas
y porque no es razón haya
cosa que no comunique
con su prenda quien bien ama,
ven para que imprima en ti
las señales soberanas
de mi pasión y dolores.

Santa   Yo, Majestad sacrosanta,
no merezco tal merced,
ni los que os ven cara a cara
en vuestra divina corte
son dignos de merced tanta,
cuanto más un vil gusano
como yo, aún menos que nada.

Cristo   Esposa: yo gusto de esto.

Santa   Si Vos gustáis, vuestra esclava
soy, amantísimo Esposo;
vuestra voluntad se haga.

(Va subiendo la Santa y Cristo bajando hasta el medio del tablado, y allí se juntan y abrazan en cruz los dos.)

Santa   ¡Ay qué dolor, Jesús mío!
¡Que me muero! Basta, basta,

que las llagas que me dais,
el corazón me traspasan!

(Apártanse y queda la Santa en cruz en el aire con las llagas.)

Cristo   Hasta mi Ascensión gloriosa
                has de estar así.

Santa   ¡Hay tal paga
                de amor y de voluntad!
                No oso mirarme adornada
                con joyas de tanta estima.

San Francisco   Hija: ya mi dicha igualas.

Santa   No hay con vos igual ninguno,
                Seráfico Patriarca.
                Pero, Esposo de mi vida,
                no es día hoy de negar nada;
                don Jorge se está acabando,
                no permitáis que su alma
                se condene.

Cristo   Ya murió,
                y por amor de ti, Juana,
                padece en el purgatorio.

Santa   Yo os doy infinitas gracias,
                Señor, por tantas mercedes.

Cristo   Abrázame, prenda amada.

Santa   ¿Dejáisme?

Cristo	Contigo quedo.
Santa	Sí, que siempre mi alma os aguarda.

(Vuelve Cristo a bajar, abraza a la Santa, desaparécense y queda la Santa en el aire sola.)

> ¡Qué rica estoy de rubíes!
> Si el avaro el oro guarda,
> joyas, guardaros pretendo,
> porque nadie os vea en casa.
> Las cinco quinas me ha dado,
> sin ser yo reina, por armas
> mi Esposo; mas como es Rey,
> razón es que yo las traiga.
> Voyme a contemplar en Vos,
> mi manirroto Monarca,
> que si a mí me ven mis monjas,
> querrán decir que soy santa.

(Encúbrese, salen algunas monjas y sor Evangelista.)

Evangelista	El Emperador está otra vez, madres, en casa, que con venir de camino quiere ver la madre Juana, y luego a Madrid partirse.
Monja I	Vamos, pues, madre, a avisalla y abrid las puertas, que al César no ha de haber puerta cerrada.

(Vanse. Salen el emperador Carlos, acompañamiento y los labradores.)

Carlos	A no atajarle la muerte,
	vuestras injurias vengara.

Mingo	Pues es muerto, gran señor,
	no queremos más venganza
	ni en premio de la lealtad
	que siempre este pueblo guarda,
	sino ser vuestros.

Carlos	Yo aceto
	tan fiel y justa demanda.
	No tendréis otro señor.

Crespo	Vivas más años que sarna
	y que ha que en Castilla viven
	las coplas del perro de Alba.

(Salen las monjas.)

Monja I	Dadnos, señor, esos pies.

Carlos	Alzad; religiosas santas.
	del suelo, alzad de la tierra.
	¿Dónde está la Madre Juana?

(Descúbrese como estaba antes.)

Monja II	Hala concedido Dios
	la maravilla más alta
	que, después de San Francisco,
	gozó crïatura humana.
	En manos, pies y costado
	impresas tiene las llagas
	de su soberano Esposo,

en quien está transformada.
Véisla, gran señor, aquí.

Carlos   ¡Oh, gloria de nuestra España!
                ¡Oh, pies y manos dichosos!
                Mil veces quiero besarlas.
                ¡Que haya mujer en el mundo
                en Toledo y en su Sagra
                que tanto de Dios alcance!
                De ternura se me abrasa
                el corazón, madres mías;
                estimad tan grande santa,
                guardad tan preciosa joya.

Unos   ¡Gran milagro!

Todos   ¡Cosa extraña!

Carlos   Vamos, que no somos dignos
                de vista tan soberana.
                ¡Oh, portentosa mujer,
                no cesen tus alabanzas!

Uno   Si esta segunda comedia,
                Senado ilustre, os agrada,
                con la tercera os prometo
                fin de maravillas tantas.

                Fin de la comedia

Libros a la carta

A la carta es un servicio especializado para

empresas,

librerías,

bibliotecas,

editoriales

y centros de enseñanza;

y permite confeccionar libros que, por su formato y concepción, sirven a los propósitos más específicos de estas instituciones.

Las empresas nos encargan ediciones personalizadas para marketing editorial o para regalos institucionales. Y los interesados solicitan, a título personal, ediciones antiguas, o no disponibles en el mercado; y las acompañan con notas y comentarios críticos.

Las ediciones tienen como apoyo un libro de estilo con todo tipo de referencias sobre los criterios de tratamiento tipográfico aplicados a nuestros libros que puede ser consultado en Linkgua-ediciones.com.

Linkgua edita por encargo diferentes versiones de una misma obra con distintos tratamientos ortotipográficos (actualizaciones de carácter divulgativo de un clásico, o versiones estrictamente fieles a la edición original de referencia).

Este servicio de ediciones a la carta le permitirá, si usted se dedica a la enseñanza, tener una forma de hacer pública su interpretación de un texto y, sobre una versión digitalizada «base», usted podrá introducir interpretaciones del texto fuente. Es un tópico que los profesores denuncien en clase los desmanes de una edición, o vayan comentando errores de interpretación de un texto y esta es una solución útil a esa necesidad del mundo académico.

Asimismo publicamos de manera sistemática, en un mismo catálogo, tesis doctorales y actas de congresos académicos, que son distribuidas a través de nuestra Web.

El servicio de «libros a la carta» funciona de dos formas.

1. Tenemos un fondo de libros digitalizados que usted puede personalizar en tiradas de al menos cinco ejemplares. Estas personalizaciones pueden ser de todo tipo: añadir notas de clase para uso de un grupo de estudiantes, introducir logos corporativos para uso con fines de marketing empresarial, etc. etc.

2. Buscamos libros descatalogados de otras editoriales y los reeditamos en tiradas cortas a petición de un cliente.

www.ingramcontent.com/pod-product-compliance
Lightning Source LLC
Chambersburg PA
CBHW030730150426
42813CB00051B/392